ÉLÉMENTS
DE
GÉOLOGIE

PAR

M. Gaston **BONNIER**

Professeur à la Sorbonne.

Ouvrage conforme aux Programmes
des classes de cinquième de l'Enseignement classique
et de l'Enseignement moderne,
des lycées et collèges de jeunes filles, à l'usage des Ecoles normales
des Ecoles primaires supérieures, etc.

AVEC 279 FIGURES DANS LE TEXTE
Par A. MILLOT
ET UNE CARTE GÉOLOGIQUE EN COULEURS

PARIS
PAUL DUPONT, Éditeur
4, RUE DU BOULOI, 4
—
1894

ÉLÉMENTS

DE GÉOLOGIE

LIBRAIRIE PAUL DUPONT
4, rue du Bouloi, Paris

Nouvelle Flore, *avec 2145 figures dans le texte*, représentant les espèces communes dans l'intérieur de la France, avec les noms latins et français de toutes les espèces, l'indication des synonymes, de l'étymologie des noms de genres et des propriétés des plantes. *Ouvrage couronné par l'Académie des sciences et par la Société d'agriculture de France,* par MM. Gaston BONNIER et G. de LAYENS. 1 volume in-12 de 324 pages. Nouvelle édition, revue et augmentée. Prix : relié, 5 francs ; broché. . . . . 4 fr. 50

Petite Flore, *avec 898 figures dans le texte*, à l'usage des écoles et des classes de 5°, par les mêmes auteurs. Ouvrage destiné à la détermination des plantes vulgaires, précédé de *Notions de Botanique*, cartonné. . . . . 1 fr. 50

Flore du Nord de la France et de la Belgique, *avec 2282 figures dans le texte*, par les mêmes auteurs. 1 vol. in-12. Prix : relié, 5 francs ; broché. . . . . 4 fr. 50

Nouvelle Flore des Mousses et des Hépatiques, *avec 1288 figures* (suite à la *Nouvelle Flore* de MM. G. Bonnier et de Layens), par M. DOUIN. Cartonné . . . . 5 fr. 50
— — Broché . . . . 5 fr. 00

Catalogue des plantes de France, de Suisse et de Belgique, par E.-G. CAMUS. 1 volume in-8° de 335 pages. Prix : cartonné, 4 fr. 75 ; broché. . . . . 4 fr. 25

(Les ouvrages précédents ont été recommandés par le Ministère de l'Instruction publique.)

SOUS PRESSE :

Flore de la France, publiée sous les auspices du Ministère de l'Instruction publique ; 1 vol. grand in-8° avec 6150 figures, par MM. Gaston Bonnier et G. de Layens. . . . . 9 fr.

Histoire naturelle et hygiène pour le Brevet élémentaire, par M. Gaston Bonnier ; 1 vol. avec nombreuses figures dans le texte (*Paraîtra en Juin*).

COLLECTION PAUL DUPONT

ÉLÉMENTS
DE
GÉOLOGIE

PAR

M. Gaston BONNIER
Professeur à la Sorbonne.

Ouvrage conforme aux Programmes
des classes de cinquième de l'Enseignement classique
et de l'Enseignement moderne,
des lycées et collèges de jeunes filles, à l'usage des Écoles normales
des Écoles primaires supérieures, etc.

AVEC 279 FIGURES DANS LE TEXTE
Par A. MILLOT
ET UNE CARTE GÉOLOGIQUE EN COULEURS

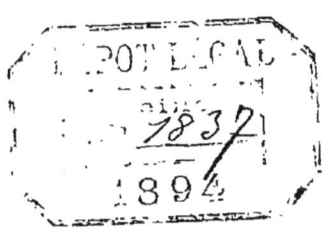

PARIS
PAUL DUPONT, Éditeur
4, RUE DU BOULOI, 4

1894

LES ROCHES

CHAPITRE PREMIER

INTRODUCTION. — LES DIVERSES SORTES DE ROCHES

INTRODUCTION

1. Les pierres. — Dans une maison, nous pouvons trouver beaucoup de *pierres* différentes ; les murs, par exemple, sont construits avec des pierres de taille ou des briques reliées entre elles par du mortier, et ils sont revêtus, à l'intérieur, par du plâtre ; la toiture est faite avec des ardoises ou des tuiles, le devant des cheminées avec du marbre poli ; dans la cheminée même, on peut brûler une sorte de pierre noire, du charbon de terre ; sur la rue, la maison est bordée par un trottoir fait avec des dalles ; la rue est pavée, les allées du jardin sont recouvertes de sable.

2. La terre végétale, le sous-sol. — Voilà bien des espèces de pierres ; d'où proviennent-elles ? En nous promenant dans la campagne ou dans les bois, nous ne voyons pas souvent des masses de pierres ; la végétation, les herbes des champs ou les arbres, recouvrent presque partout le sol ; nous trouvons seulement, à la surface, ce qu'on appelle la *terre végétale*.

Mais, allons sur la tranchée d'un chemin (fig. 1) ou dans une carrière, nous verrons qu'il y a de la pierre en grande masse au-dessous de la terre végétale. La terre végétale au milieu de laquelle poussent les plantes et les arbres ne forme donc qu'une mince couche qui recouvre une énorme épaisseur de

Fig. 1. — Tranchée d'un chemin montrant au-dessous de la terre végétale, les roches qui forment le sous-sol.

terrain constituée par diverses pierres. On a donné le nom de *sous-sol* à tout ce qui se trouve ainsi au-dessous de la terre végétale.

D'une manière générale, on appelle *roches* toutes les grandes masses qui forment le sous-sol, quelles que soient leur dureté et leur consistance.

3. Les roches. — C'est presque toujours dans le *sous-sol* qu'on a trouvé les pierres de la maison.

Ces pierres proviennent de roches que l'on a travaillées de diverses manières pour les rendre propres à la construction.

Les pierres de taille de la muraille sont tirées d'une roche dure exploitée dans des carrières ; on a taillé les morceaux pour les superposer et en faire les murs.

Les briques et les tuiles ont été faites avec de l'argile, cuite dans des fours ; l'argile est une roche molle qui se raye à l'ongle et qui fait pâte avec l'eau. Les ardoises ont été détachées d'une autre roche appelée schiste qui est feuilletée et se fend facilement en lames parallèles ; le marbre des cheminées provient de roches compactes qu'on trouve, par exemple, en Belgique ou dans les Pyrénées, c'est une roche d'un grain très fin qui peut recevoir un beau poli ; le charbon de terre a été extrait en morceaux d'une roche appelée houille, qu'on rencontre ordinairement à une assez grande profondeur dans le sol et qu'on exploite dans des mines.

Les dalles du trottoir ont été prises dans une roche très dure et peu altérable appelée granit et qu'on trouve, par exemple, en Bretagne ou en Auvergne ; les pavés ont été taillés à coup de marteau dans la roche appelée grès qu'on exploite dans les Vosges ou dans les environs de Paris ; le sable du jardin a été amené d'une carrière.

Le mortier, qui réunit les pierres ou les briques du mur, est fait avec du sable et de la chaux ; la chaux se fabrique en faisant chauffer certaines pierres nommées pierres à chaux. Enfin, le plâtre, qui revêt les murs intérieurement, s'obtient en faisant chauffer d'autres pierres appelées pierres à plâtre.

On voit que toutes les pierres dont est formée la maison ont été retirées du sous-sol.

4. Rapport entre le sol d'une contrée et ses habitants. — En traversant la Flandre, dans le nord de la France, on remarque que le sol est uniforme, presque sans collines, et que les maisons sont bâties en briques ; on ne rencontre guère que des champs ; on voit de nombreuses fabriques se rapportant à divers genres d'industrie.

En traversant la Bretagne centrale, on parcourt une contrée sauvage où l'industrie est presque nulle ; les champs sont maigres, et l'on trouve souvent des landes incultes remplies d'ajoncs et de bruyères ; les habitations sont construites en terre et couvertes de chaume ; elles sont rarement bâties avec des fragments de roches qui sont en cette contrée difficiles à tailler.

En traversant le bassin de la Seine, vers son milieu, nous verrons que presque toutes les maisons sont construites en pierres calcaires réunies par un bon mortier ; les coteaux et les vallées y ont un aspect varié ; au centre de cette région s'élève la ville de Paris.

Pourquoi une région de la France est-elle fertile et populeuse, l'autre stérile et pauvre ? Pourquoi les habitations sont-elles de telle ou telle sorte ? Toutes ces différences, qui ont une influence considérable sur les mœurs des habitants, tiennent en grande partie à la nature et à la constitution des roches qui forment le sol. Le sous-sol de la Flandre est argileux, couvert d'une terre végétale fertile, tandis que les roches de Bretagne sont granitiques ou schisteuses. Aux environs de Paris, les calcaires abondent au contraire, et le sous-sol fournit tous les éléments nécessaires aux constructions : pierre à bâtir, argile, sable, pierre à chaux, pierre à plâtre.

On voit que par ce côté encore, l'étude du sous-sol offre un intérêt spécial, en montrant comment le caractère d'un pays et les mœurs des hommes qui l'habitent sont en rapport avec les roches sous-jacentes.

5. La Géologie. — La géologie est la science qui traite de l'étude des roches, mais elle ne se contente pas de chercher où se trouvent ces roches, ni d'en distinguer les diverses sortes : elle les interroge et parvient à connaître leur origine et à savoir comment elles se sont transformées. Beaucoup de roches renferment des traces et des débris d'animaux ou de végétaux qui ont vécu autrefois sur notre globe et dont la plupart appartiennent à des espèces qui n'existent plus maintenant. La géologie nous apprend à reconstituer leur forme et leur organisation, elle fait revivre par la pensée tous ces êtres anciens qui ont recouvert la surface de la terre avant l'époque actuelle.

L'étude des modifications que subissent incessamment les divers matériaux du sol, et l'examen des débris laissés par les êtres vivants, permettent à la géologie de tracer les traits principaux de l'*Histoire de la Terre*.

Il nous faut d'abord connaître ces matériaux qui constituent le sol et, en second lieu, voir comment ils se modifient ; nous aborderons ensuite l'étude des différentes périodes qui se sont succédées à la surface du globe.

D'après ce qui vient d'être dit, nous pourrons diviser la géologie en quatre parties principales :

1° Étude des roches ;
2° Étude des modifications actuelles des terrains ;
3° Étude de la formation des terrains anciens ;
4° Étude des principales périodes géologiques.

LES DIVERSES SORTES DE ROCHES

6. Principaux groupes de roches. — Pour distinguer les diverses roches, on se sert de plusieurs caractères, tels que l'aspect général de la roche, sa dureté plus ou moins grande, l'action que produit un acide versé sur sa surface, l'action de l'eau.

1° *Aspect général de la roche.* — Prenons ce morceau de

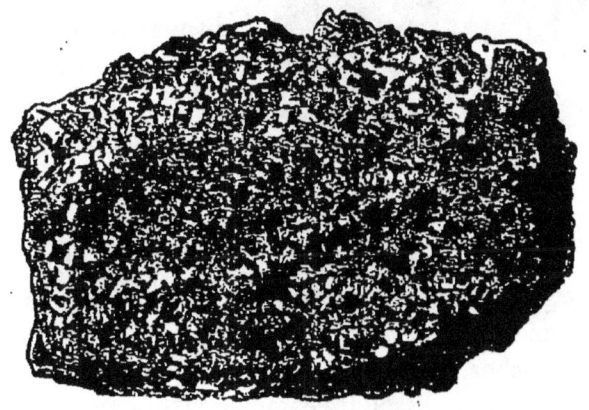

Fig. 2. — Morceau de granit.

granit (fig. 2) ; en l'examinant de près nous voyons qu'il est formé par des petits corps d'aspect différent ayant tous une forme bien nette, et agglomérés les uns contre les autres. Chacun de ces petits corps est un cristal : on dit que le granit est une roche uniquement composée par des cristaux. On met à part sous le nom de *roches cristallines* toutes les roches qui se composent ainsi d'une agglomération de petits cristaux de nature diverse; on renferme ces cristaux dans une sorte de pâte qui a elle-même une structure cristalline.

2° *Dureté.* — Une roche peut être plus ou moins dure ; c'est ainsi qu'un morceau de craie se raye à l'ongle, tandis qu'un morceau de marbre ne se raye pas à l'ongle, mais se raye au couteau. Un morceau de pierre à fusil (ou silex) (fig. 3), plus dur encore, ne se laisse pas rayer par un couteau d'acier. Ce dernier caractère sert à reconnaître les *roches siliceuses*.

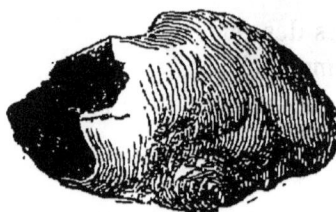

Fig. 3. — Morceau de pierre à fusil ou silex.

3° *Action des acides.* — Si nous versons un liquide acide sur un morceau de craie, nous verrons se produire une masse de bulles (fig. 4). On dit que cette roche *fait effervescence* avec les acides. C'est le caractère des *roches calcaires*.

Fig. 4. — Morceau de craie sur lequel on a versé de l'acide.

4° *Action de l'eau.* — Certaines roches, comme la terre à briques (ou argile), font pâte avec l'eau et peuvent se modeler ; ce caractère sert à reconnaître les *roches argileuses*.

D'autres roches, comme la pierre à plâtre (ou gypse) et le sel gemme, peuvent se dissoudre complètement dans l'eau. C'est un des caractères des *roches salines*.

Ces divers caractères permettent de reconnaître les principales sortes de roches comme l'indique le tableau ci-joint (à la fin du résumé suivant).

RÉSUMÉ

Pierres, terre végétale, sous-sol, roches. — Les diverses pierres employées dans les constructions se trouvent, général, dans le sous-sol, au-dessous de la terre végétale. Une *roche* est formée par la même sorte de pierre réunie en grande masse.

L'aspect d'un pays, la nature de ses habitations et même les mœurs des hommes qui les habitent, dépendent dans une certaine mesure de la nature du sous-sol.

Géologie. — La géologie étudie les roches, leur origine, les débris de végétaux et d'animaux qu'elles contiennent, et se propose de tracer l'histoire de la terre.

Principaux groupes de roches. — On peut résumer dans le tableau suivant les caractères qui permettent de reconnaître les principaux groupes de roches.

Roche en général non composée de cristaux différents agglomérés.
- Roche faisant effervescence, c'est-à-dire dégageant des bulles de gaz quand on y verse un acide. → **Roches calcaires.** (*Ex.* : *craie*)
- Pas d'effervescence par les acides.
  - Roche faisant pâte avec l'eau et pouvant se modeler, se rayant à l'ongle......... → **Roches argileuses.** (*Ex.* : *argile*)
  - Roche ne faisant pas pâte avec l'eau.
    - Roche pouvant être rayée avec l'ongle....... → **Roches salines.** (*Ex.* : *gypse*)
    - Roche ne pouvant pas être rayée par une lame d'acier.. → **Roches siliceuses.** (*Ex.* : *silex*)

Roche composée de cristaux différents réunis directement entre eux ou par une pâte cristalline.. → **Roches cristallines** (*Ex.* : *granit*)

CHAPITRE II

ROCHES CALCAIRES

7. Caractères généraux des roches calcaires. — Nous avons vu dans le chapitre précédent que l'on peut reconnaître une roche calcaire à ce qu'elle *fait effervescence* avec les acides. De plus, toutes les roches calcaires sont facilement rayées par un couteau d'acier et même par une épingle en laiton.

Voyons maintenant de quoi se composent les calcaires.

Mettons un morceau de craie dans un verre contenant du vinaigre ou un liquide acide quelconque (tel que de l'acide chlorhydrique étendu d'eau, par exemple); nous verrons se dégager un grand nombre de bulles (fig. 5). Ces bulles sont formées par le même gaz que celui qui forme des bulles dans l'eau de Seltz, et qui lui donne une saveur piquante; c'est de l'*acide carbonique*.

Fig. 5. — Morceau de pierre calcaire dans de l'acide chlorhydrique.

Donc, puisque les roches calcaires dégagent de l'acide carbonique au contact des liquides acides, c'est que les calcaires contiennent de l'acide carbonique.

Mettons plusieurs morceaux de craie dans de l'acide, et laissons toutes les bulles se dégager ; ces morceaux de craie disparaissent ; ils se sont dissous dans l'acide. Trempons dans le liquide qui reste une baguette de verre, puis mettons-la dans la flamme de la lampe à alcool ou d'un bec de gaz ; nous verrons alors la flamme se colorer en rouge. Cette couleur rouge de la flamme caractérise les corps qui contiennent de la *chaux*; nous en concluons que les calcaires contiennent de la chaux.

Par une autre autre expérience, nous pouvons encore séparer l'acide carbonique et la chaux, qui, combinés entre eux forment le calcaire. Pesons exactement un morceau de craie, prenons-le avec une pince, chauffons-le fortement puis laissons-le refroidir. En le pesant de nouveau, nous verrons que son poids a diminué : c'est que l'*acide carbonique* renfermé dans le calcaire s'est dégagé dans l'air sous l'influence de la chaleur. Ce qui reste du morceau de craie est un corps blanc, mais ce corps n'est pas de la craie, c'est de la *chaux vive*. Pour voir qu'en effet ce n'est plus de la craie, il suffit d'y jeter quelques gouttes d'eau : le morceau de chaux se fendille devient extrêmement chaud et tombe en poussière (Voyez fig. 9).

Il résulte de ces diverses expériences que les roches calcaires sont composées d'acide carbonique et de chaux combinés entre eux ; on dit en chimie, que ces roches sont formées par du carbonate de chaux.

Les roches calcaires sont rarement composées de carbonate de chaux pur. Le carbonate de chaux s'y trouve ordinairement mélangé avec d'autres substances ; mais, d'une manière générale, on nomme calcaires toutes les roches qui contiennent beaucoup de carbonate de chaux.

En somme, les roches calcaires se reconnaissent surtout aux caractères suivants : elles font effervescence avec les acides, elles sont rayées facilement par un couteau, elles renferment surtout du carbonate de chaux (combinaison de chaux et d'acide carbonique).

8. Principales sortes de roches calcaires : craie. — La *craie* se distingue des autres calcaires parce qu'elle est très friable, et qu'on peut la rayer même avec l'ongle ; elle laisse une trace blanche lorsqu'on la frotte sur du bois ou de l'ardoise. Cette roche est très poreuse : une goutte d'eau qu'on jette sur un morceau de craie disparaît rapidement, absorbée par la roche, dont elle remplit tous les petits espaces vides. La craie est ordinairement blanche, mais on en voit quelquefois de couleur grisâtre, bleuâtre ou verte.

La craie sert à faire les crayons employés pour écrire sur les tableaux d'ardoise ; on l'emploie aussi pour fabriquer le *blanc d'Espagne*, avec lequel on nettoie les objets en métal.

9. Calcaire grossier. — Les pierres avec lesquelles on construit généralement les maisons, à Paris, sont formées par une roche calcaire qui n'est pas friable comme la craie, qui se raye au couteau mais non à l'ongle. On observe très souvent, dans ce calcaire, des empreintes de petites coquilles roulées en spirale et appelées cérithes : la présence de ces empreintes caractérise cette roche qu'on nomme *calcaire grossier* (fig. 6).

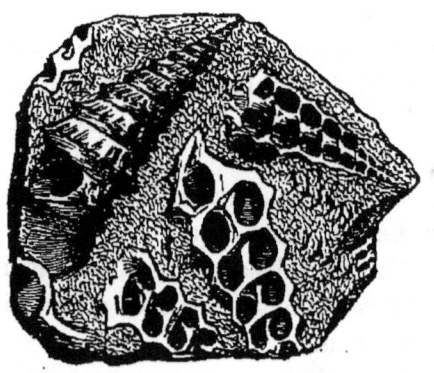

Fig. 6. — Morceau de calcaire grossier avec des empreintes de cérithes.

Le calcaire grossier, plus dur que la craie, mais assez tendre pour être scié facilement, est une bonne pierre de construction.

Avec de gros morceaux de cette roche on fait des pierres de taille ; les morceaux moins gros constituent les moellons.

10. Calcaire oolithique. — D'autres roches calcaires ont à peu près la même dureté que le calcaire grossier et servent de pierres à bâtir. Tel est le *calcaire oolithique* (fig. 7),

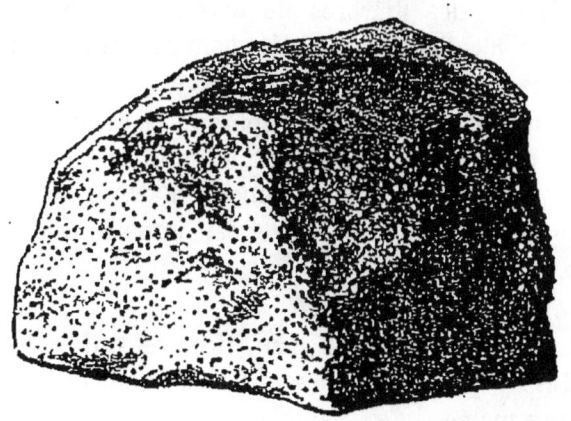

Fig. 7. — Morceau de calcaire oolithique.

qui est formé de petits grains serrés les uns contre les autres comme des œufs de poissons. C'est avec ce calcaire que sont construites les maisons de beaucoup de villes de Bourgogne.

11. Marbres. Pierre lithographique. — Si on essaye de polir un morceau de craie, on ne peut y réussir ; le grain est très fin, mais la roche est trop friable ; elle se réduit en poudre.

Si on essaye de polir un morceau de calcaire grossier, on ne peut pas non plus obtenir une surface unie ; la roche est assez résistante, mais sa consistance est trop irrégulière ; la roche est percée de creux très nombreux.

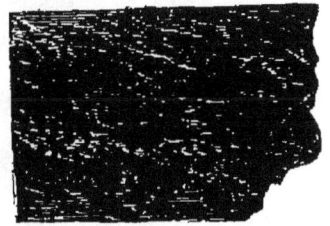

Fig. 8. — Morceau de marbre poli.

Le *marbre* est un calcaire qui est à la fois d'un grain très fin comme la craie et d'une dureté aussi grande que celle des pierres à bâtir. Ainsi donc, un marbre est une roche calcaire susceptible de recevoir un beau poli.

Les marbres ont, en général, trop de valeur pour être utilisés comme pierres de construction ; on s'en sert pour l'ornementation. Il y a des marbres de diverses couleurs, des marbres veinés (fig. 8), d'autres complètement blancs et formés de grains cristallisés, comme le marbre statuaire.

On emploie pour la lithographie et la gravure sur pierre un calcaire d'un gris jaunâtre, d'un grain très fin, très doux au toucher, qui peut se polir comme le marbre, et mêlé d'un peu d'argile. Cette pierre calcaire est appelée *pierre lithographique*.

12. Usage général des pierres calcaires : chaux, mortier. — Les calcaires sont utilisés pour fabriquer la *chaux*. La chaux mêlée à du sable constitue le *mortier*, qui sert à relier entre elles les pierres d'une construction en les faisant adhérer solidement les unes aux autres.

Nous avons vu (§ 7) qu'en chauffant un morceau de calcaire

Fig. 9. — Chaux se fendillant sous l'action de l'eau.

on obtient de la chaux. Aussi, pour fabriquer la chaux, il suffit de chauffer les pierres calcaires dans des fours, que l'on construit ordinairement avec des briques. Quand la cuisson est achevée, la matière blanche qu'on retire du four est de la *chaux vive*; lorsque les morceaux de chaux vive sont arrosés d'eau ils se fendent de tous les côtés, se gonflent en dégageant beaucoup de chaleur et tombent en poussière (fig. 9); la chaux ainsi combinée avec de l'eau est ce qu'on nomme de la *chaux éteinte*.

Pour fabriquer le mortier, on forme une sorte de bassin avec du sable; on y met ensuite de la chaux vive sur laquelle on verse de l'eau; on ajoute encore de l'eau sur la chaux éteinte ainsi produite, et quand on a formé une sorte de pâte laiteuse, on la mêle à du sable : c'est alors du mortier. Le mortier durcit peu à peu à l'air, parce que la chaux, se combinant à l'acide carbonique contenu dans l'air, redevient peu à peu du calcaire. Le sable mêlé à la chaux dans le mortier sert à le diviser de façon à ce que l'air entre plus facilement dans ses différentes parties.

Fig. 10. — Four à chaux : O, ouverture latérale pour retirer la chaux après la cuisson ; F, ouverture du foyer.

Quand le mortier est complètement durci, c'est-à-dire quand la chaux qu'il renferme est entièrement devenue calcaire, les pierres sont très fortement réunies les unes aux autres.

Dans plusieurs pays, on fabrique avec les pierres calcaires de grandes quantités de chaux pour la mêler aux terres trop argileuses, cette opération est ce qu'on nomme le *chaulage* des terres.

RÉSUMÉ

Caractères des roches calcaires. — Les roches calcaires se reconnaissent à ce qu'elles font effervescence avec les acides. Elles se composent surtout d'acide carbonique (qui se dégage en bulles lorsqu'on verse un acide sur la roche) et de chaux, combinés pour former du carbonate de chaux.

Les roches calcaires se rayent avec un canif ou même avec une épingle.

Principales roches calcaires. — On peut résumer dans le tableau suivant les caractères des principales roches calcaires.

Roche friable, rayée par l'ongle...................			**Craie.**
Roche non friable.	ne pouvant pas acquérir un beau poli.................................		**Calcaires de construction.**
	pouvant acquérir un beau poli.	non mêlée d'argile.	**Marbre.**
		mêlée d'argile, jaunâtre...........	**Pierre lithographique.**

CHAPITRE III

ROCHES ARGILEUSES, SALINES ET SILICEUSES

13. Roches argileuses. — L'argile est douce au toucher ; c'est une roche tendre et molle qui se raye avec l'ongle encore plus facilement que la craie. Si l'on en coupe un morceau avec un couteau et qu'on place la partie coupée sur la langue, le morceau d'argile s'y colle très fortement en absorbant la salive. L'argile fait pâte avec l'eau et peut se pétrir avec les doigts ; lorsqu'on la laisse alors se dessécher, elle se fendille dans tous les sens.

Quoique l'argile fasse pâte avec l'eau, une couche assez épaisse de cette roche ne se laisse pas traverser par l'eau ; on dit que l'argile est imperméable. Enfin, lorsqu'on souffle sur cette roche, on sent une odeur caractéristique.

14. L'argile se transforme en brique par la chaleur. — Si l'on chauffe fortement un morceau d'argile, cette argile change complètement d'aspect et de propriétés ; ordinairement elle devient d'un rouge vif, et sa dureté est comparable à celle des roches les plus résistantes. Ce n'est plus de l'argile, c'est un morceau de *brique*.

L'argile se compose du corps qu'on appelle en chimie silicate d'alumine combiné avec de l'eau, c'est du *silicate d'alumine hydraté* : la brique ne renferme plus que du silicate d'alumine; l'eau a disparu complètement sous l'action d'une forte chaleur (1).

15. Briques; terre à briques. — Ce sont les argiles les moins pures qui servent à faire des briques ; on appelle ces argiles : *terre à brique*.

Pour faire les briques, on taille des morceaux de forme con-

Fig. 11. — Four à briques.

venable dans la terre argileuse humide, puis on les fait sécher; quand ces blocs sont secs, on les cuit dans des fours (fig. 11). Les briques sont d'excellents matériaux de construction.

16. Poteries; terre à poteries. — Les argiles grossières ne peuvent pas servir à faire des poteries. On se sert pour cet usage d'argiles un peu plus fines que l'on nomme *terre à poteries*.

---

(1) Le silicate d'alumine est une combinaison de la silice, substance qui forme les silex (§ 22), avec l'oxyde d'aluminium. L'aluminium est un métal blanc, léger et inaltérable, qu'on extrait très difficilement du silicate d'alumine et dont on fait divers objets.

Pour faire les poteries on mélange d'abord l'argile, avec de l'eau; on fait ainsi une pâte à laquelle l'ouvrier donne rapide-

Fig. 12. — Tour à potier.

ment une forme régulière au moyen d'un appareil très simple, le *tour à potier* (fig. 12).

17. Porcelaine; kaolin. — La *porcelaine* est la poterie la plus fine. On la fabrique avec une argile extrêmement pure qu'on ne trouve que rarement et qu'on appelle *terre à porcelaine* ou *kaolin*.

En France, c'est surtout aux environs de Limoges qu'on trouve du kaolin.

La porcelaine se fait à peu près comme les autres poteries, mais elle doit être fabriquée et cuite avec plus de soin.

18. Marne. — La *marne* est une roche formée d'un mélange d'argile et de calcaire. C'est une roche assez tendre qui peut faire pâte avec l'eau comme l'argile et qui fait effervescence avec les acides comme les calcaires.

Les marnes ne peuvent servir ni comme pierres de construction, ni comme terre à poterie ; on les emploie en agriculture pour améliorer la composition de la terre végétale.

On se sert aussi, pour fabriquer la *chaux hydraulique*, de certaines marnes que l'on fait cuire. Cette chaux fabriquée avec un mélange de calcaire et d'argile a la propriété de durcir sous l'eau, ce qui est précieux pour certaines constructions.

Le *ciment* est une variété de chaux hydraulique qu'on emploie quelquefois dans les constructions ordinaires.

19. Schistes argileux. — On désigne sous le nom de schistes argileux des roches qui se séparent facilement en lames (fig. 13), et qui contiennent une grande proportion d'argile. L'*ardoise* est un schiste argileux dur, employé pour couvrir les toitures.

Certains schistes argileux renferment des substances bitumineuses ; on en extrait l'*huile de schiste* ou *pétrole*.

Fig. 13. — Morceau de schiste.

20. Roches salines. — Les roches salines se reconnaissent à ce qu'elles se rayent à l'ongle, ne font pas pâte avec l'eau et ne font pas effervescence avec les acides. Les roches salines sont solubles dans l'eau. Un petit morceau d'une de ces roches, placé dans une grande quantité d'eau, s'y dissout complètement.

Aussi les roches salines ne se trouvent-elles pas à la surface du sol : elles seraient dissoutes et complètement détruites par les eaux. On ne les rencontre qu'entourées par des couches argileuses imperméables qui les protègent contre l'action de l'eau.

Fig. 14. — Cristal de gypse fer-de-lance.

Les principales roches salines sont le *gypse* et le *sel gemme*.

Le *gypse compacte* ressemble à une pierre calcaire. Souvent il a une structure cristalline; parfois même, cette roche se présente sous la forme de grosses lentilles qui se divisent facilement en lamelles, c'est le *gypse fer-de-lance* (fig. 14).

Le gypse est une combinaison d'eau et du corps appelé en chimie sulfate de chaux (1): c'est du *sulfate de chaux hydraté*.

Le *sel gemme* est une roche bien plus soluble encore que le gypse et qui a la même composition que le sel marin (2).

21. Action de la chaleur sur le gypse ; plâtre. — Prenons un petit morceau de gypse fer-de-lance et chauffons-le au-dessus d'une lampe à alcool ou d'un bec de gaz ; nous pourrons voir comme une légère fumée au-dessus de la lamelle ; c'est de la vapeur d'eau condensée qui sort du gypse ; le morceau de gypse chauffé est devenu mat et se réduit facilement en poudre blanche : c'est du *plâtre*.

Le plâtre est du gypse qui a perdu son eau, comme la brique est de l'argile qui a perdu son eau. C'est du sulfate de chaux non hydraté.

Le plâtre se fabrique en chauffant le gypse ; mais on le chauffe beaucoup moins qu'on ne chauffe l'argile pour fabriquer des briques. Pour faire du plâtre, on met des blocs de gypse dans des fours (fig. 15). Une fois que le plâtre est cuit, on le réduit

Fig. 15. — Four à plâtre : F, F, F, F, foyers ; P, P, gypse.

en poudre sous des meules, puis on met cette poudre de plâtre dans des sacs. On conserve ces sacs dans des endroits secs parce que le plâtre redevient du gypse lorsqu'il absorbe de l'humidité.

---

(1) Le sulfate de chaux est une combinaison de la chaux (§ 12) avec l'acide sulfurique, vulgairement appelé huile de vitriol.

(2) Le sel marin est appelé en chimie chlorure de sodium. Il est composé d'un gaz jaunâtre nommé chlore et d'un métal nommé sodium.

Le plâtre, mélangé avec de l'eau, *fait prise*, c'est-à-dire durcit au bout de peu de temps en redevenant du sulfate de chaux hydraté (1).

Le plâtre ne peut guère être employé que dans l'intérieur des maisons, car il se dissout dans l'eau; on s'en sert surtout pour donner aux plafonds et aux murs une surface unie.

On emploie aussi le plâtre pour faire des statues ou des moulages Pour cet usage, on prend du plâtre plus fin et plus blanc, obtenu par la cuisson des cristaux de gypse fer-de-lance. Le plâtre mêlé avec de l'eau augmente de volume lorsqu'il durcit; c'est grâce à cette propriété qu'on peut se servir du plâtre pour reproduire des statues ou faire des moulages: en se solidifiant, le plâtre s'insinue jusque dans les derniers détails du relief contre lequel il est appliqué.

22. Roches siliceuses. — Les roches siliceuses se reconnaissent d'une manière générale à ce qu'on ne peut pas les

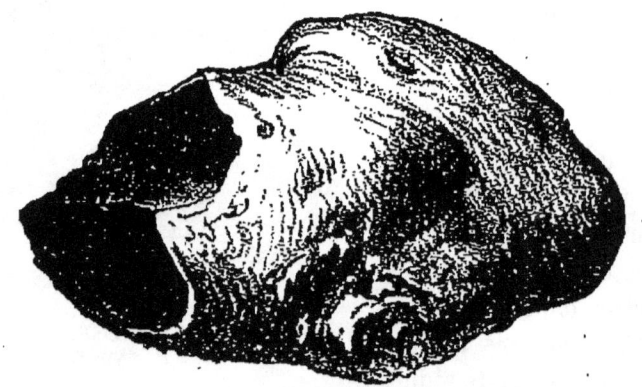

Fig. 16. — Morceau de silex.

rayer avec de l'acier, à ce qu'elles produisent des étincelles quand on les frappe avec du fer et à ce qu'elles ne font pas

---

(1) Remarquons que tandis que le plâtre reprend la composition du gypse en absorbant l'eau, il n'en est pas de même de la brique qui ne peut plus redevenir de l'argile au contact de l'eau.

effervescence avec les acides. Ces roches sont composées de silice plus ou moins pure (1).

Le *silex* ou *pierre à fusil* (fig. 16) est de la silice renfermant souvent des substances bitumineuses qui répandent une odeur particulière lorsqu'on frappe cette pierre. Les silex et les roches siliceuses massives ont une cassure caractéristique formant des creux séparés par des arêtes coupantes. Le *sable*, constitué par de nombreux petits grains de silice, est aussi une roche siliceuse importante. Les grains de sable sont comme usés et plus ou moins arrondis sur les bords.

23. Meulière. — La *meulière* est une roche siliceuse qui peut être plus ou moins mêlée de calcaire et qui est surtout caractérisée par les nombreuses cavités qu'elle renferme (fig. 17).

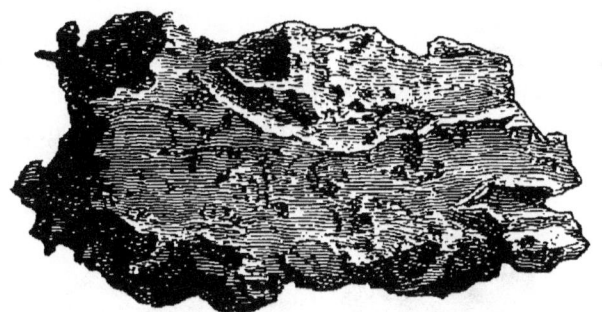

Fig. 17. — Morceau de meulière.

C'est une roche abondante dans la Brie, la Beauce et aux environs de Paris; on l'emploie pour faire des constructions qui doivent résister à l'humidité.

24. Grès. — Quand les fragments de silice sont petits comme des grains de sable et réunis par une autre substance

---

(1) La silice est aussi appelée *acide silicique* ; c'est une combinaison de l'oxygène (gaz qui forme la partie de l'air ordinaire nécessaire à la respiration et à la combustion) avec un corps appelé *silicium*.

comme par un ciment, on dit que la roche est un *grès* (fig. 18).

Si la substance qui réunit les petits grains de silice est elle-même une pâte siliceuse, on dit que la roche est un *grès siliceux*. Si la substance qui réunit les petits grains de silice est du calcaire, on dit que la roche est un *grès calcaire*; si c'est de l'oxyde de fer, on dit que c'est un *grès ferrugineux*.

Les grès dur, tels que les grès siliceux, servent à faire des pavés ou des meules; les grès les plus tendres sont employés comme pierre de construction. Beaucoup de villages d'Alsace sont entièrement bâtis en grès.

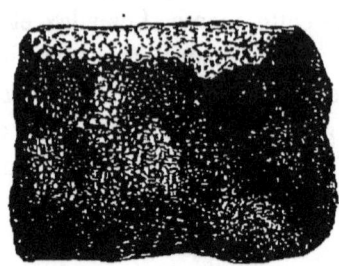

Fig. 18. — Morceau de grès.

25. Poudingue. — Si des cailloux siliceux sont réunis par une susbtance durcie comme un ciment, on dit que la roche est un *poudingue* (fig. 19), comparaison avec le gâteau anglais

Fig. 19. — Morceau de poudingue.

bien connu, où les raisins secs seraient remplacés par les cailloux et la pâte du gâteau par le ciment qui les rejoint.

On donne aussi le même nom à des roches analogues dont les cailloux sont quelconques.

RÉSUMÉ

Roches argileuses. — Ces roches sont douces au toucher, se collent à la langue, font pâte avec l'eau et se rayent à l'ongle.

Les roches argileuses sont composées de silicate d'alumine hydraté. Fortement chauffées, elles perdent leur eau et deviennent du silicate d'alumine qui constitue les *briques* ou les *poteries*. Les principales sont les suivantes :

Roche ne faisant pas effervescence avec les acides.
- Roche ne se séparant pas en feuillets.
  - non blanche et plus ou moins impure... **Argile ordinaire.**
  - blanche et pure... **Kaolin.**
- Roche se séparant en feuillets... **Schiste argileux.**

Roche faisant effervescence avec les acides (mélange d'argile et de calcaire)... **Marne.**

Roches salines. — Ces roches ne font pas pâte avec l'eau, mais sont solubles, se rayent à l'ongle et ne font pas effervescence avec les acides. Les principales roches salines sont le *sel gemme*, reconnaissable à son goût, et le *gypse*, qui se compose de sulfate de chaux hydraté. Chauffé, le gypse se transforme en sulfate de chaux qui constitue le *plâtre*. Le plâtre fait prise avec l'eau et durcit en se retransformant en gypse.

Roches siliceuses. — Ces roches ne peuvent pas se rayer avec de l'acier et produisent des étincelles quand on les frappe avec du fer. Elles sont formées de silice. Les principales roches siliceuses sont les suivantes :

Roche homogène.
- Masses arrondies à cassure courbe, à odeur bitumineuse par le choc. **Silex.**
- Petits grains de silice libres les uns par rapport aux autres... **Sable.**
- Masse renfermant de nombreuses cavités irrégulières... **Meulière.**

Roche composée de cailloux ou de petits cristaux réunis comme par un ciment.
- Petits grains de silice réunis par une roche... **Grès.**
- Cailloux réunis par une roche. **Poudingue.**

CHAPITRE IV

ROCHES CRISTALLINES

26. Les roches cristallines; principaux minéraux qui les constituent. — Les roches cristallines sont composées de cristaux de diverse nature agglomérés entre eux

Fig. 20. — Cristaux de quartz.

ou réunis comme par une sorte de ciment qui a lui-même une structure cristalline.

Les principaux minéraux qui constituent les roches cristallines sont :
1° Le *quartz;*
2° Le *mica;*
3° Le *feldspath.*

Et en second lieu, comme moins importants, on peut citer :
L'*amphibole*, le *pyroxène*, le *péridot*.

1° Le *quartz*, connu sous le nom de *cristal de roche*, est formé de silice cristallisée. On le trouve parfois en pyramides transparentes (fig. 20), mais il est le plus souvent à l'état de

Fig. 21. — Lame de mica.

Fig. 22. — Forme cristalline du mica.

petits cristaux. Le quartz étant formé de silice ne peut pas se rayer avec de l'acier.

2° Le *mica* (1) forme des lames brillantes (fig. 21), pouvant se séparer facilement en feuillets de plus en plus minces ; rarement on le trouve avec sa forme cristalline complète (fig. 22).

3° Le *feldspath* (2) est ordinairement formé de cristaux souvent blancs ou roses, moins brillants que le quartz et le mica, mais d'une teinte mate quelquefois vitreuse. On le trouve assez souvent en cristaux complets (fig. 23).

L'*amphibole* et le *pyroxène* (3) sont le plus souvent des cristaux noirs ou d'un vert foncé. Le *péridot* (4) est un minéral vert, ordinairement d'une teinte plus claire que les précédents.

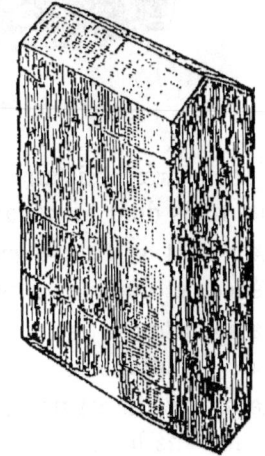

Fig. 23. — Cristal de feldspath.

---

(1) Le mica est composé de silicate d'alumine et de potasse, et contient souvent aussi des oxydes de fer et de la magnésie.
(2) Le feldspath est, comme le mica, composé de silice, d'alumine, et de potasse, de soude ou de chaux.
(3) Ce sont des silicates de fer, de magnésie et de chaux.
(4) Le péridot est un silicate de fer et de magnésie.

27. Granit. — Le *granit* (fig. 24) se compose uniquement de cristaux agglomérés les uns aux autres; ces cristaux sont surtout du *quartz*, du *mica* et du *feldspath*.

Quand ces cristaux sont petits, le granit peut être poli. C'est

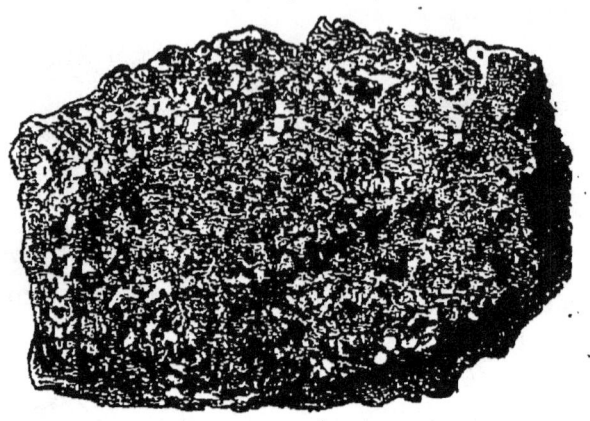

Fig. 24. — Morceau de granit.

une roche très résistante qui est excellente pour les constructions, mais dont le travail est d'un prix élevé.

Le granit se trouve surtout en Bretagne, en Auvergne, dans Pyrénées et dans les Alpes.

La *syénite* est une sorte de granit où le mica est remplacé par de l'amphibole.

La *granulite* est une roche où le mica, au lieu d'être noir comme dans le granit ordinaire, est blanc, et dont le quartz est en cristaux bien nets formant une double pyramide.

28. Porphyre. — Le *porphyre* (fig. 25) est formé des mêmes minéraux que le granit (quartz, mica, feldspath), mais ces cristaux au lieu d'être placés directement les uns à côté des autres comme dans le granit, sont plongés au milieu d'une pâte feldspathique qui les réunit les uns aux autres.

La plupart des porphyres peuvent être polis et sont d'un très bel effet ornemental. Le porphyre rouge antique se retrouve dans la plupart des monuments romains; le porphyre vert antique, dans les monuments grecs.

Fig. 25. — Morceau de porphyre.

29. Gneiss et schistes cristallins. — Le *gneiss* (fig. 26) est encore une roche qui renferme les mêmes éléments : quartz, mica et feldspath ; mais au lieu d'être disposés d'une manière à peu près homogène, ces cristaux sont distribués dans le gneiss en couches parallèles; les lamelles de mica sont très abondantes et souvent orientées dans la même direction (*m*, fig. 26).

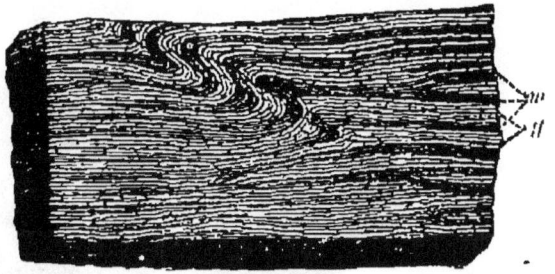

Fig. 26. — Morceau de gneiss : *m*, mica; *qf*, quartz et feldspath.

Les *schistes cristallins* se séparent en lames comme les schistes argileux (§ 19) et renferment souvent encore les mêmes éléments que le gneiss.

Le *micaschiste* est un schiste cristallin qui ne se compose essentiellement que de mica et de quartz.

30. Trachyte, obsidienne, pierre ponce, ba-

salte, laves. — Toute une série de roches cristallines se rencontre surtout près des volcans actuels ou près des anciens volcans. Les principales de ces roches volcaniques sont les suivantes :

1° Le *trachyte*, roche rugueuse qui a la constitution du porphyre, mais dont la pâte grisâtre est très terne et dont le feldspath en grands cristaux est d'un aspect vitreux.

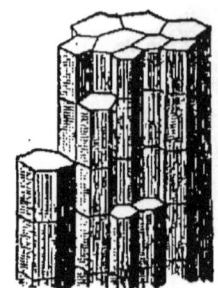

Fig. 27. — Basalte en colonnes prismatiques.

2° L'*obsidienne*, qui ne se compose que d'une pâte cristalline, ordinairement noire, ressemblant à du verre.

3° La *pierre ponce*, qui est réduite aussi à une pâte poreuse pleine de bulles gazeuses, et ainsi rendue tellement légère que la roche peut souvent flotter sur l'eau; on se sert des pierres ponces pour polir.

4° Le *basalte*, roche qui couvre de grandes étendues, en Auvergne ou dans l'Ardèche, par exemple; les basaltes sont souvent en forme de colonnes prismatiques (fig. 27). Ces roches

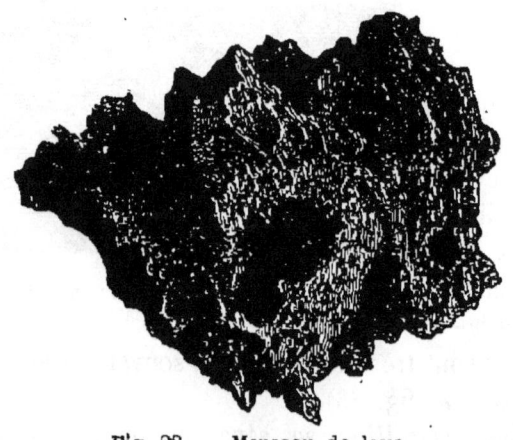

Fig. 28. — Morceau de lave.

sont très lourdes, et formées d'une pâte noirâtre renfermant divers cristaux et en particulier des cristaux verts de péridot, parfois aussi des cristaux de pyroxène.

5° Les *laves* (fig. 28), actuellement rejetées par les volcans, sont des roches qui ressemblent beaucoup au basalte; les laves contiennent soit du pyroxène, soit du péridot, et sont souvent remplies de bulles de gaz.

RÉSUMÉ

Minéraux principaux constituant les roches cristallines. — Le *quartz* (silice cristallisée), le *mica* (silicate en lames qui se séparent en lamelles très minces avec le canif), et le *feldspath* (silicate d'aspect mat ou vitreux), sont les trois principaux minéraux qui constituent les roches cristallines.
L'*amphibole* et le *pyroxène* (silicates ordinairement noirs ou d'un vert foncé) ainsi que le *péridot* (silicate vert) sont aussi à signaler.

Principales roches cristallines. — On peut résumer dans le tableau suivant les caractères des principales roches cristallines :

Roche entièrement composée de cristaux.	Cristaux distribués sans ordre......		**Granit.**
	Cristaux distribués en couches.	Roche ne se séparant pas facilement en lames............	**Gneiss.**
		Roches se séparant en lames.........	**Schistes cristallins.**
Roche composée de cristaux réunis par une pâte feldspathique ou sans cristaux visibles à l'œil nu.	Pâte terne avec cristaux de péridot ou de pyroxène..................		**Basalte, laves.**
	Cristaux visibles à l'œil nu.	à feldspath non vitreux................	**Porphyre.**
		à feldspath vitreux....	**Trachyte.**
	Sans cristaux visibles à l'œil nu.	vitreuse............	**Obsidienne.**
		terne et bulleuse...	**Pierre ponce.**

2.

RÉSUMÉ GÉNÉRAL DE L'ÉTUDE DES ROCHES.

Le sol est constitué par la *terre végétale* (mélange de petits fragments de roches avec des débris de plantes) et par le *sous-sol* formé par diverses sortes de roches dont les caractères sont les suivants :

- **Roche non composée de cristaux différents.**
  - **Pas d'effervescence avec les acides.**
    - **Roche faisant effervescence avec les acides, se rayant par une épingle. ROCHES CALCAIRES.**
      - Roche ne se rayant pas par l'ongle.
        - ne pouvant pas acquérir un beau poli .... **Calcaires de construction.**
        - pouvant acquérir un beau poli .... **Marbre.**
      - Roche se rayant par l'ongle.
        - ne faisant pas pâte avec l'eau .... **Craie.**
        - faisant pâte avec l'eau (mélange d'argile et de calcaire) .... **Marne.**
    - **Roche faisant pâte avec l'eau, pouvant se modeler, se rayant par l'ongle. ROCHES ARGILEUSES.**
      - ne se séparant pas en feuillets ..... **Argile.**
      - se séparant en feuillets .... **Schistes argileux.**
    - **Roche ne faisant pas pâte avec l'eau.**
      - Roche se rayant à l'ongle. **ROCHES SALINES.**
        - pas de saveur; se transformant en plâtre par la chaleur .... **Gypse.**
        - saveur salée caractéristique .... **Sel gemme.**
      - Roche ne pouvant se rayer à l'ongle. **ROCHES SILICEUSES.**
        - Roche composée de petits grains réunis comme par un ciment .... **Grès.**
        - Roche non composée de petits grains réunis comme par un ciment.
          - Masses arrondies à cassure courbe et à odeur bitumineuse par le choc. **Silex.**
          - Petits grains libres les uns par rapports aux autres .... **Sable.**
          - Masse renfermant de nombreuses cavités irrégulières .... **Meulière.**
- **Roche composée de cristaux différents réunis directement entre eux ou par une pâte cristalline. ROCHES CRISTALLINES.**
  - entièrement composée de cristaux.
    - à cristaux distribués sans ordre .... **Granit.**
    - à cristaux distribués en couches.
      - ne se séparant pas facilement en lames .... **Gneiss.**
      - se séparant en lames .... **Schistes cristallins**
  - à cristaux réunis par une pâte cristalline.
    - à pâte non terne, à feldspath non vitreux .... **Porphyre.**
    - à pâte terne, à feldspath vitreux .... **Trachyte.**
    - à pâte terne, à cristaux verts de péridot et de pyroxène .... **Basalte, laves.**

II

MODIFICATIONS ACTUELLES DES TERRAINS

CHAPITRE V

DESTRUCTION DES ROCHES PAR L'EAU LIQUIDE

31. Modifications actuelles du sol. — Le sol, constitué par les roches que nous avons étudiées, est actuellement soumis à diverses actions qui lui font subir des modifications importantes.

L'eau qui tombe sur les roches les désagrège, les entraîne, les décompose ou les dissout ; elle exerce aussi une action importante sur les roches quand elle est à l'état de glace.

D'autre part, dans certaines régions, d'autres phénomènes contribuent à changer la surface du sol : telles sont les éruptions de roches fondues qui sortent des *volcans*, ou encore les mouvements brusques du sol appelés *tremblements de terre*.

Enfin, si l'on considère pendant une longue suite d'années la limite des continents et des mers, on trouve que cette limite change : sur certaines côtes, c'est la mer qui gagne du terrain ; sur d'autres, elle semble se retirer et laisse loin de son bord les anciens rivages.

Nous étudierons successivement les principales modifications du sol :

1° L'action de l'eau à l'état liquide ;

2° L'action des glaces;

3° Les volcans et les tremblements de terre;

4° Les mouvements lents du sol qui changent la limite des continents et des mers.

32. Action de l'eau liquide sur le sol. — Considérons un tas de sable qu'on aurait déposé sur le bord d'un chemin argileux, et supposons qu'il pleuve fortement. Que pourrons-nous observer alors sur ce tas de sable (fig. 29)?

Une partie de l'eau de la pluie qui y tombe, coule sur le sable et ruisselle à sa surface; cette première partie de l'eau tombée

Fig. 29. — Tas de sable sur le bord d'une route argileuse, lorsqu'il vient de pleuvoir : t, endroit où le sable a été enlevé par l'eau; $c\ c$, endroit où le sable s'est déposé; r, ruisselet sortant du tas de sable après la pluie; f, fossé où l'eau vient s'écouler.

sur le sol, c'est l'*eau de ruissellement*, mais ce n'est pas toute l'eau tombée sur le sable; car si, après la pluie, nous creusons dans le sable, nous verrons qu'il est mouillé à l'intérieur; une autre partie de l'eau s'est infiltrée entre les grains de sable jusqu'à la base du tas, où elle a été arrêtée par l'argile imperméable du chemin; cette seconde partie de l'eau, c'est l'*eau d'infiltration*.

Que devient l'eau de ruissellement? Elle forme comme de petits torrents t qui se réunissent et se déversent à la base du tas de sable pour constituer un ruisseau beaucoup plus large, *r* qui va se jeter plus loin dans un fossé *f*. L'eau de ruissellement creuse donc le tas de sable en entraînant avec elle le sable qu'elle enlève ; elle forme aussi des petits cônes *c* comparables aux cônes que l'on trouve à la base des torrents ; puis elle délaye une partie de l'argile du chemin et l'entraîne également. En se déversant dans le fossé, l'eau de ruissellement y dépose l'argile et le sable entraînés. Cette eau a donc une action *destructive* et une action *édificatrice* ; elle détruit les roches sur tout son parcours et elle forme de nouvelles couches, superposées les unes aux autres, au fond de l'eau à laquelle elle vient se mêler.

Que devient l'eau d'infiltration ? Descendue lentement à travers le sable, elle s'arrête à la surface du chemin argileux et forme après la pluie une sorte de *nappe d'eau souterraine* à la base du tas de sable. On pourrait s'en assurer en creusant avec une canne un trou dans le tas de sable jusqu'à l'argile. On verrait de l'eau au fond du trou comme au fond d'un *puits*. L'eau de ruissellement cesse de couler, lorsque la pluie cesse ; l'eau d'infiltration amassée au fond du tas de sable sortira encore en s'écoulant comme d'une *source* qui serait située à l'endroit le plus bas de la base du tas de sable. De là, l'eau continuera à se répandre sur le chemin, et, pendant quelque temps encore après la pluie, ira se jeter dans le fossé. Cette eau s'évaporera peu à peu, et la vapeur d'eau invisible s'élèvera avec l'air chaud, puis se condensera et contribuera à former des nuages qui produiront la pluie.

33. Circulation de l'eau dans la nature. — Ce que nous venons de voir se passer en petit sur ce tas de sable, c'est ce qui se produit en grand dans la nature. L'eau circule incessamment depuis les montagnes jusqu'à la mer ; elle détruit sur tout son trajet pour édifier plus loin, et en définitive va former au fond des mers de nouveaux terrains déposés en couches successives.

Considérons un coteau (fig. 30), au lieu du tas de sable ; les *nuages n*, forment la *pluie p*, qui tombe sur le coteau. L'eau de ruissellement s'écoule par les *torrents t*, l'eau d'infiltration *i* entre dans le sol et y forme une *nappe d'eau souterraine e* dont on peut démontrer l'existence en faisant un puits P.

L'eau d'infiltration arrêtée par une couche imperméable peut s'écouler à la surface et former des sources *so*, origine des *cours d'eau c*, qui couleront encore, même lorsqu'il ne pleuvra plus. L'eau circule alors rapidement à la surface du sol par les

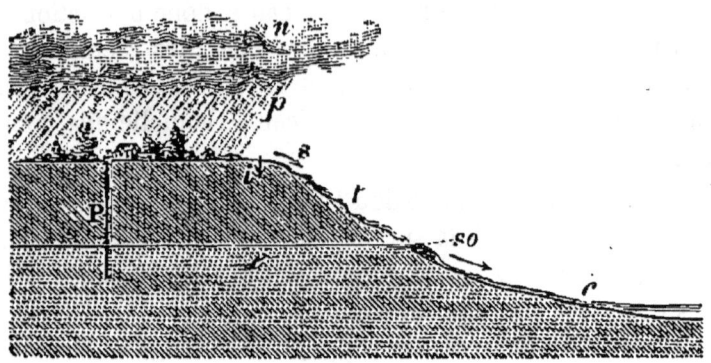

Fig. 30. — Coupe d'un coteau : *n*, nuage ; *p*, pluie ; une partie de l'eau *i* s'infiltre dans le sol, une partie *s* coule à la surface et forme un torrent *t* ; *e*, nappe d'infiltration ; P, puits ; *so*, source ; *c*, cours d'eau.

cours d'eau. Mais la plus grande partie de l'eau d'infiltration ne se montre pas à la surface ; elle s'écoule très lentement dans le sol, en s'infiltrant à travers les roches ; elle arrive ainsi dans la mer. Enfin, la chaleur du soleil évapore l'eau à la surface des mers. La *vapeur d'eau* entraînée par l'air chaud s'élève jusque dans les régions supérieures de l'atmosphère ; là, elle se condense en une masse de petites gouttelettes qui forment les nuages.

34. Puits. — Nous venons de dire que l'on peut prouver l'existence de l'eau d'infiltration en creusant un puits. En effet, si l'on creuse le sol en n'importe quel endroit, on trouvera toujours de l'eau ; quelquefois ce sera à une faible distance de la surface du sol, quelquefois à une profondeur considérable : cela dépend de la nature des roches qui forment le sous-sol. Si la nappe d'infiltration n'est pas trop profondément située, les habitants peuvent creuser des puits pour avoir de l'eau. Tel est celui que représente la figure 31 ; on y voit qu'une couche d'argile imperméable *aa*, empêche

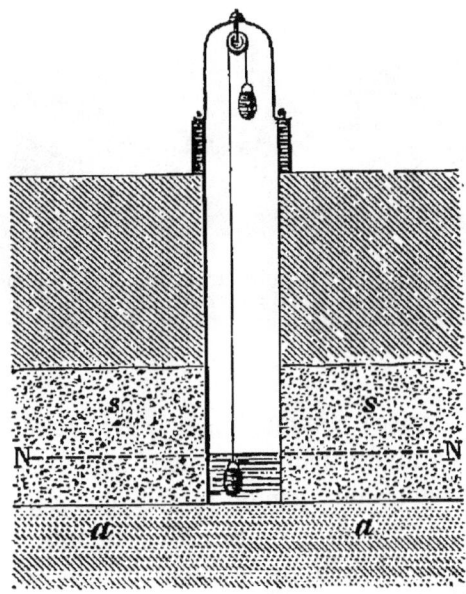

Fig. 31. — Puits : N, N, niveau de l'eau; *s, s*, couche perméable; *a, a*, couche imperméable.

l'eau de pénétrer plus profondément ; la nappe d'infiltration s'étend donc au-dessus de l'argile, dans le sable perméable *ss*, jusqu'au niveau NN ; on a creusé le puits un peu plus bas que ce niveau.

35. Puits artésiens. — Il peut arriver qu'une couche de sable repose, comme dans le cas précédent, sur une couche d'argile et soit en même temps recouverte d'argile; on a alors une couche perméable (*ss*, fig. 32) comprise entre deux couches imperméables *aa*, et *a'a'*. Lorsque ces trois couches de terrains sont courbées comme le représente la figure, qu'arrivera-t-il si l'on perce un puits au milieu de la vallée (en P)? Dès qu'on aura percé la couche *aa* et qu'on aura atteint la nappe d'eau d'infiltration qui se trouve retenue dans le sable, l'eau jaillira par l'ouverture du puits jusqu'au niveau le plus élevé de la couche d'eau, c'est à dire jusqu'à la ligne AB. Le puits P et la couche de sable remplie d'eau A s s B forment en effet un

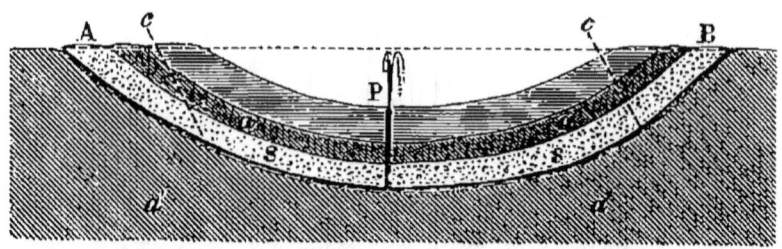

Fig. 32. — Coupe d'une vallée à puits artésien. A, B, régions où la couche de sable se trouve à la surface du sol et reçoit les eaux de pluie ; P, puits artésien ; aa et a'a', couches imperméables d'argile ; ss, couche perméable de sable.

système de deux vases communiquants, et l'eau tend toujours à atteindre le même niveau dans des vases qui communiquent entre eux. C'est ce qu'on peut démontrer facilement par l'expérience

Fig. 33. — Vases communiquants.

suivante : on prend un entonnoir qui est relié par un tube de caoutchouc à un tube de verre (T, fig. 33). On verse de l'eau dans l'entonnoir et on relève le tube, comme l'indique la figure ; l'eau, dans le tube, s'élève au même niveau C B A, que dans l'entonnoir. Si l'on abaissait l'extrémité du tube au-dessous de ce niveau, il se produirait un jet d'eau, l'eau tendant à remonter jusqu'au niveau qu'elle occupe dans l'entonnoir.

Dans le puits jaillissant que nous considérons (fig. 32), la couche de sable remplie d'eau représente l'entonnoir, et le puits représente le tube ; comme son ouverture est placée au-dessous du niveau AB, l'eau jaillit, il se produit un jet d'eau en P.

Ces sortes de puits jaillissants sont nommés *puits artésiens*, parce que les premiers puits de ce genre en France ont été forés dans l'Artois.

On peut citer le puits de Grenelle à Paris, dont l'eau vient d'une couche de sable comprise entre deux couches d'argile, et qui atteint la surface du sol en Normandie et en Champagne, sur des plateaux plus élevés que Paris.

36. Circulation de l'eau des mers; courants marins. — La circulation de l'eau dans la nature ne se fait pas seulement entre l'atmosphère, les continents et les mers, ou dans l'intérieur du sol, par la nappe d'infiltration; elle se produit encore à la surface des mers et dans leurs parties profondes, par les *courants marins*. L'eau des mers, même par un temps calme, est continuellement en mouvement. D'une manière générale, l'eau des régions polaires forme des courants profonds qui vont jusqu'au fond des mers dans les régions équatoriales; au contraire, d'autres courants marins partent des régions chaudes de la terre et circulent à la surface des mers jusque vers les régions polaires.

Comment peut-on s'expliquer ces mouvements?

Faisons l'expérience suivante : prenons un vase de verre assez

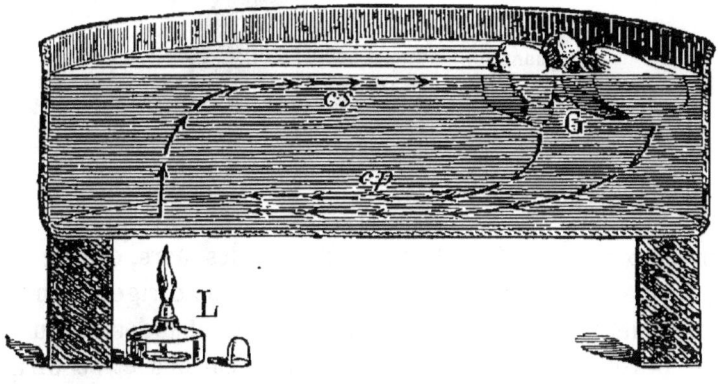

Fig. 34. — Expérience montrant la cause des courants marins : G, morceaux de glace figurant les glaces polaires; *cp*, courants profonds; L, lampe chauffant l'eau; *cs*, courants de surface.

large, versons-y de l'eau; d'un côté du vase, mettons de la glace qui flottera sur l'eau (fig. 34), et chauffons avec précaution l'autre côté avec une lampe à alcool ou un bec de gaz. Si nous avons mis dans l'eau de la sciure de bois très fine, nous verrons les petites particules de bois descendre de la glace vers le fond, et remonter de la partie chaude vers la surface, comme l'indiquent les flèches sur la figure 34.

Cela s'explique facilement, car l'eau chaude étant plus légère que l'eau froide, tend à monter à la surface ; cette eau est remplacée dans les parties profondes par l'eau froide plus lourde qui vient de la partie du vase où se trouve la glace.

C'est ce qui se produit en grand entre les régions glacées polaires et les régions chaudes de l'équateur. Les glaces du pôle P, fig. 35 qui, dans notre expérience, étaient représentées, par

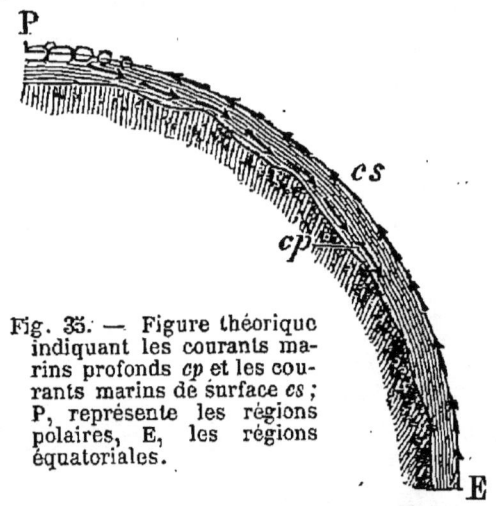

Fig. 35. — Figure théorique indiquant les courants marins profonds *cp* et les courants marins de surface *cs* ; P, représente les régions polaires, E, les régions équatoriales.

les morceaux de glace G, refroidissent l'eau des mers, et cette eau froide forme des *courants marins profonds* se dirigeant en *cp* vers l'équateur E; arrivée dans les régions chaudes, l'eau de la mer devenue plus légère monte à la surface et se dirige vers les pôles, formant en *cs* les *courants marins de surface.* C'est ce qu'indique la figure 35.

37. L'eau enlève une partie des roches. — Nous avons vu, en examinant l'action de la pluie sur un tas de sable placé au bord d'un chemin argileux (§ 32), que l'eau enlève mécaniquement le sable et l'argile pour aller les déposer plus loin. Ce n'est pas seulement le sable et l'argile que l'eau peut enlever ; toutes les roches sont plus ou moins attaquées par l'eau liquide.

Si l'on a mis sous le jet d'une fontaine une dalle de pierre unie, la dalle, au bout d'un certain temps, aura été usée et détruite à l'endroit où l'eau tombe. Quand même la dalle eût été taillée dans les roches les plus dures, l'eau aurait toujours fini par la ronger à la longue. C'est ainsi que les eaux de la pluie, des torrents et des cours d'eau enlèvent à chaque instant une partie de toutes les roches et les entraînent avec elles. Il en résulte que les montagnes et les coteaux s'abaissent continuellement, et que les vallées se creusent de plus en plus.

38. Inégale résistance des roches à l'action de l'eau. — Les roches résistent inégalement à l'action de l'eau.

Fig. 36. — Petites pyramides formées par la pluie sur du sable recouvert de quelques cailloux (grandeur naturelle.)

Le sable est plus facilement entraîné qu'une roche dure dont toutes les parties sont cohérentes.

S'il se trouve que la roche soit moins dure au-dessous d'une partie compacte et résistante, l'eau des pluies creuse peu à peu la roche tout autour de la partie la plus inaltérable qui s'élève alors sur une sorte de pied.

On observe souvent ce phénomène en petit, sur les talus des chemins, lorsque de petites pierres se trouvent sur du sable (fig. 36).

De gros rochers placés sur un terrain friable forment de la même manière les grandes pyramides qu'on observe en certains pays, comme en Savoie ou en Tyrol.

On peut encore citer comme exemple de cette inégale résistance les régions où se trouvent à la fois des sables et des grès. Au bout d'un temps très long, les pluies entraînent le sable et

Fig. 37. — Coupe du sol dans la forêt de Fontainebleau.
S, sable ; G, banc de grès ; R, rochers de grès.

laissent à nu le grès qui est plus résistant, et dont les morceaux détachés s'arrondissent en formant des rochers qui descendent peu à peu à la surface du sol (fig. 37). C'est ce qui donne aux rochers de Fontainebleau leur aspect si particulier.

39. Action de l'eau sur les principales sortes de roches. — Voyons quelle est l'action différente de l'eau sur les principales sortes de roches que nous avons étudiées dans la première partie du cours.

1° *Roches calcaires*. — L'eau chargée d'acide carbonique dissout lentement les calcaires. Or, l'eau est toujours plus ou moins chargée d'acide carbonique ; aussi les calcaires sont-ils lentement dissous par les eaux courantes et par les eaux d'infiltration. C'est ainsi que se sont formées, dans le sous-sol de certains pays calcaires, des grottes (Voyez fig. 43) et des galeries souterraines de plusieurs lieues de longueur.

2° *Roches argileuses*. — L'argile n'est pas dissoute par l'eau, et une grande masse d'argile est, comme nous savons, imperméable; mais l'eau courante détache de petites parcelles d'argile qui restent en suspension dans l'eau et forment ce qu'on appelle le *limon*. Les eaux limoneuses sont troubles; et si elles arrivent dans un endroit où le courant est plus faible, elles redeviennent claires en déposant leur limon, c'est-à-dire les particules d'argile qu'elles tenaient en suspension.

3° *Roches salines*. — Nous savons que les roches salines sont solubles dans l'eau. Lorsqu'elles ne sont plus protégées par des couches d'argile ou lorsqu'elles se trouvent à découvert, elles sont promptement attaquées par les eaux d'infiltration. Le gypse, et beaucoup plus vite encore le sel gemme, disparaissent alors en se dissolvant.

4° *Roches siliceuses*. — Les roches siliceuses sont celles qui résistent le plus à l'action de l'eau; elles sont cependant légèrement attaquées, mais c'est presque uniquement par son action mécanique que l'eau peut creuser ces roches ou les entraîner à l'état de cailloux roulés ou galets.

5° *Roches cristallines*. — D'une manière générale, l'eau en agissant sur les roches cristallines les altère profondément et les transforme en *argile* et en *sable*.

Prenons pour exemple une vallée de Bretagne qui soit composée uniquement de roches granitiques: après les pluies, on verra les cours d'eau déposer le sable dans les endroits où le courant est peu rapide et l'argile là où il est moins rapide encore. Il faut bien admettre que ce sable et cette argile proviennent du granit, puisqu'il n'y a pas d'autre roche dans toute la vallée.

Voyons ce qui se passe lorsque l'eau provenant des pluies, toujours plus ou moins chargée d'acide carbonique, agit sur le granit.

Le granit, comme nous le savons (§ 27), se compose de *quartz* (silice) peu altérable, de *mica* et de *feldspath* (silicates de potasse de soude ou de chaux) altérables par l'eau chargée d'acide carbonique, qui les transforme en corps solubles et en silicate d'alumine hydraté ou argile. L'argile ainsi produite et le sable constitué par la masse des petits grains de quartz inaltérés, produisent donc les deux dépôts qui résultent de l'altération du granit par les eaux. C'est ce qu'on peut résumer dans le tableau suivant :

Altération du granit par l'eau chargée d'acide carbonique.

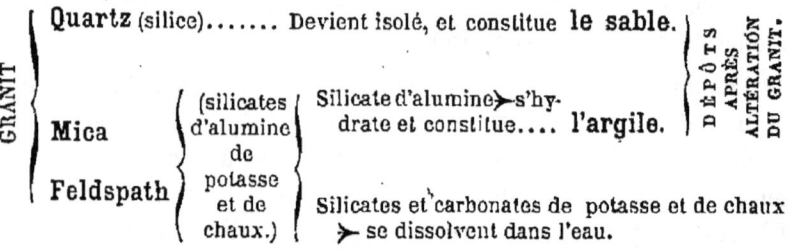

Il en est de même pour la plupart des autres roches cristallines, qui presque toutes se transforment lentement sous l'action des eaux en sable, en argile, et en substances solubles contenant de la potasse et un peu de calcaire.

Ces substances (sable, argile, calcaire et sels de potasse) provenant de l'altération des roches cristallines sont les éléments essentiels de la terre végétale.

On a pu mettre en évidence l'action inégale de l'eau, tout aussi bien mécanique que chimique, sur les diverses sortes de roches, par l'expérience suivante : on taille un assez grand nombre de cubes faits avec du calcaire, du gypse, du silex et du granit, et on les jette dans un cours d'eau rapide ; si au bout d'un certain temps on examine les cailloux qu'a déposés le cours d'eau sur ses rives, à quelques kilomètres plus bas, en un point où les eaux sont plus calmes, on y retrouvera les cubes plus ou moins altérés. Ceux de gypse auront disparu, ou c'est à peine si on pourra reconnaître quelques cailloux de gypse, restes de cubes non encore complètement dissous ; ceux de calcaire sont très arrondis; ceux de granit beaucoup moins; ceux de silex seront à peine usés sur les angles.

40. Action destructive de la pluie, des torrents, des cours d'eau, de l'eau d'infiltration. — Maintenant que nous connaissons la manière dont l'eau liquide peut attaquer et détruire les diverses roches, voyons comment elle agit dans les diverses phases de sa circulation dans la nature.

L'eau de la pluie, dont l'action est de courte durée, agit surtout mécaniquement sur les roches; on remarque facilement quand il pleut les trous que forment les gouttes de pluie dans le sable; on voit toutes les particules des roches, la terre, l'argile, le sable, entraînés par une pluie d'orage. Les torrents entraînent aussi les parties les plus molles, désagrègent peu à peu les roches, ou les arrachent avec violence lorsqu'ils coulent sur une pente rapide.

L'eau des cours d'eau agit à la fois mécaniquement et chimiquement; comme les rivières coulent continuellement, l'action chimique a le temps de se produire d'une manière sensible sur les roches. Si le cours d'eau a une pente très faible, l'action mécanique est presque nulle et c'est surtout alors par la dissolution lente des roches que la rivière ou le fleuve peut corroder ses rives.

L'eau souterraine d'infiltration possède aussi une action destructive puissante d'autant plus importante qu'elle se produit dans les profondeurs du sous-sol sur des masses énormes de roches. Cette eau, chargée d'acide carbonique, peut attaquer plus ou moins toutes les sortes de pierres; elle creuse des galeries ou des grottes parfois considérables où elle forme des cours d'eau et des lacs souterrains.

En général, on nomme *érosion*, du latin (*erodere*, ronger), toute destruction qui se produit sur les roches par la pluie, les torrents, les cours d'eau ou même par l'eau d'infiltration. Beaucoup de vallées, dans les pays de plaine surtout, peuvent avoir été formées uniquement par cette érosion de l'eau.

41. Action destructive de la mer. — Les eaux de

la mer ont aussi une action destructive importante. Le vent soufflant à la surface de la mer produit les vagues, qui viennent se jeter violemment contre les côtes. La mer fait effondrer les roches, les désagrège, les arrache et les roule dans ses eaux.

Sur plusieurs points de la côte normande les falaises s'écroulent ainsi et se détruisent sur une épaisseur de 50 centimètres par an, en moyenne.

Fig. 38. — Falaises et arcades formées sur les côtes par l'action de la mer.

Comme dans le cas des eaux continentales, les roches sont détruites par la mer avec une inégale intensité. Lorsqu'une côte est formée de parties compactes et de parties plus molles, il se produit des colonnes, des piliers, ou des arcades au bord de la mer (fig. 38).

L'action de l'eau de la mer ne se fait pas seulement sentir sur les côtes. Les courants marins profonds peuvent aussi agir sur le fond des mers et en déformer le relief. On a constaté, par exemple, qu'en certains points, les courants marins creusent profondément les bancs de sable qui se trouvent au fond de la Manche.

RÉSUMÉ

Circulation de l'eau dans la nature. — L'eau circule incessamment dans la nature, et l'on peut représenter cette circulation de la manière suivante :

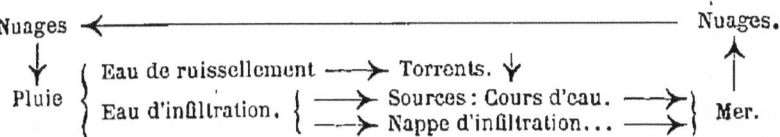

La circulation de l'eau se produit aussi dans les mers. Des courants marins profonds vont des régions polaires vers l'équateur, et des courants marins de surface vont des régions équatoriales vers les pôles.

Puits, puits artésiens. — On creuse un *puits* pour atteindre la nappe d'infiltration.

Il peut arriver qu'une couche perméable de sable se trouve comprise entre deux couches imperméables d'argile et que ces trois couches viennent affleurer à la surface du sol; si l'on fore alors un puits dans l'endroit le plus bas, on voit s'élever un jet d'eau; on a creusé un *puits artésien*.

Action destructive de l'eau liquide. — L'eau liquide des torrents, des cours d'eau, de la nappe d'infiltration ou des mers détruit, avec une rapidité plus ou moins grande, toutes les sortes de roches.

Les roches résistent inégalement à l'action de l'eau. L'altération des diverses roches peut se résumer ainsi :

1° *Roches calcaires* ⟶ dissoutes par l'eau chargée d'acide carbonique.

2° *Roches argileuses* ⟶ désagrégées par l'eau et tenues en suspension, forment le limon.

3° *Roches salines* ⟶ dissoutes.

4° *Roches siliceuses* ⟶ forment des cailloux roulés et du sable.

5° *Roches cristallines* ⟶ forment du sable et de l'argile.

La pluie et les torrents agissent surtout mécaniquement sur les roches; les cours d'eau ont en outre une action chimique, et dissolvent une partie des roches.

L'eau d'infiltration altère les roches dans leur partie profonde.

On nomme *érosion* l'altération des roches par l'eau.

L'action de l'eau liquide sur les roches a donc pour effet général d'user constamment la surface de la terre. Par cette action continuelle, les montagnes tendent à s'abaisser et les vallées à se creuser de plus en plus.

CHAPITRE VI

FORMATION DES ROCHES PAR L'EAU LIQUIDE

42. L'eau forme de nouvelles roches. — En examinant ce qui se passe lorsqu'il pleut sur un tas de sable (§ 32) nous avons vu les ruisselets se former et entraîner du sable pour aller le déposer plus loin, jusqu'au fond du fossé qui borde le chemin.

L'eau qui attaque ou dissout les roches peut de même déposer ailleurs les parties de ces roches qu'elle a entraînées mécaniquement, ou même celles qu'elle a dissoutes. L'eau formera ainsi de nouveaux terrains, de nouvelles roches au fond des vallées, des lacs ou des mers.

43. Dépôts formés par les torrents, par les cours d'eau. — Tous les débris arrachés par l'eau des torrents restent en grande partie à la base des pentes rapides où aboutissent ces torrents. Ils y forment une sorte de cône incomplet qui s'étale au bas de la montagne (fig. 39), comme les torrents en miniature formés sur le tas de sable en produisaient à leur base (c, fig. 29).

Examinons maintenant les dépôts formés par les cours d'eau : dans un verre contenant de l'eau, mettons des cailloux, du sable et de l'argile et agitons violemment le verre, de manière à ce que toutes ces matières soient mêlées avec l'eau; posons le verre sur une table, nous verrons immédiatement les cailloux se déposer, peu après le sable, et enfin, après un temps beaucoup plus long, le limon formé par l'argile. L'eau, à la fin, restera limpide au-dessus de ces trois dépôts successifs.

Un cours d'eau très rapide sur le flanc d'une montagne

entraîne mécaniquement des morceaux de roche formant des

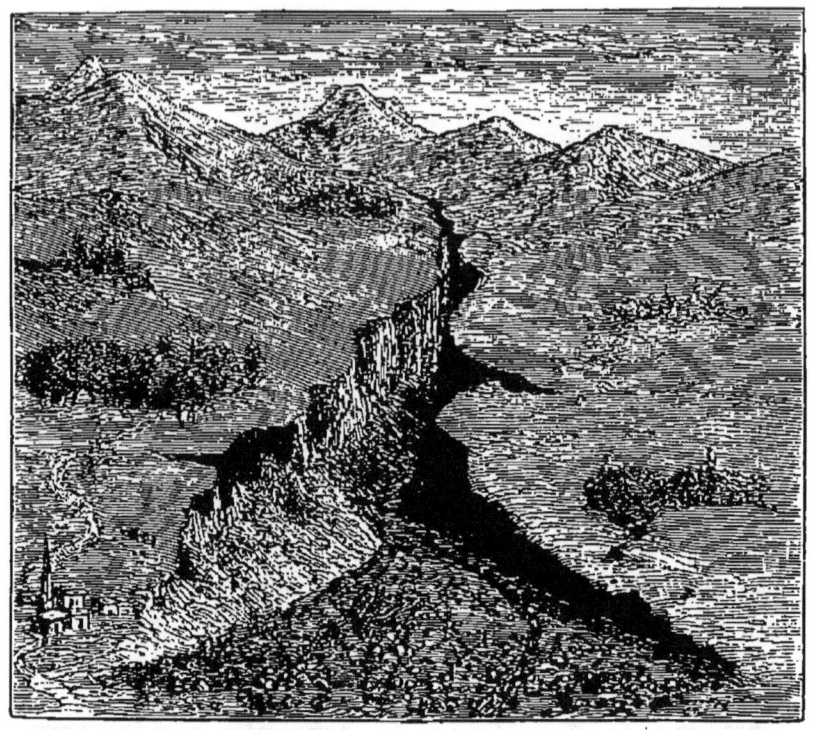

Fig. 39. — Dépôt en forme de cône à la base d'un torrent.

cailloux roulés (fig. 40), du *sable*, et tient en suspension de l'*argile*.

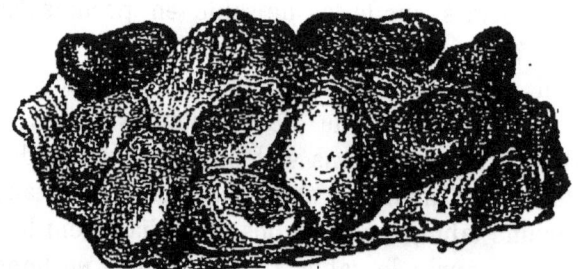

Fig. 40. — Galets déposés sur les bords d'un cours d'eau.

Ces matériaux arrachés par l'eau à la terre formeront dans la vallée des dépôts successifs dans l'ordre suivant :

1° Les *cailloux roulés* se déposeront d'abord, dès que le courant sera moins fort;

2° Le *sable* se déposera dans les parties où le courant est encore plus faible;

3° Le *limon*, c'est-à-dire l'argile tenue en suspension dans l'eau, formera des dépôts dans les parties du cours d'eau qui sont à l'abri de l'action du courant;

4° Enfin les eaux peuvent déposer du *calcaire* qu'elles tenaient en dissolution. Le calcaire n'a été dissous que parce que l'eau était chargée d'acide carbonique; si cet acide vient à s'évaporer, le calcaire se dépose. Dans le cas où ce dépôt de calcaire est très abondant il se produit ce qu'on appelle des *sources incrustantes*. Un objet quelconque déposé dans ces eaux se recouvre rapidement d'un dépôt calcaire qui se moule exactement sur lui. De pareils dépôts agglomérées sur les végétaux forment ce qu'on nomme le *tuf*.

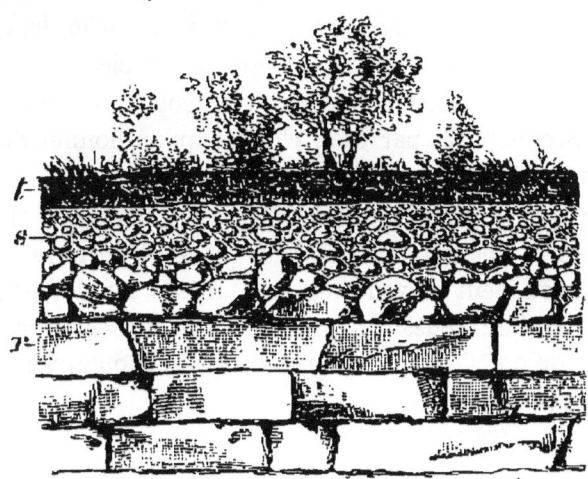

Fig. 41. — Coupe de terrain, en haut d'une carrière, montrant la terre végétale *t*; au-dessous, la roche en morceaux *s*, et plus bas la roche sans altération *r*.

44. Formation de la terre végétale. — C'est l'action de l'eau combinée à celle des végétaux, qui provoque l'altération superficielle de toutes les roches et forme la *terre végétale*.

La terre végétale peut se former sur place ou par le transport au fond des vallées, des éléments qui doivent la constituer.

Sur le plateau d'une colline, par exemple, en examinant la tranchée d'une route ou d'une carrière, nous pouvons nous rendre compte de la façon dont la terre végétale se forme sur place, comme le représente la figure 41.

On voit la terre végétale proprement dite à la partie supérieure t; elle est riche en terreau : c'est de là que s'élèvent les tiges des plantes. Au-dessous, se trouve une couche de terre végétale s, où des fragments un peu plus gros de la roche sont encore mélangés à des débris de plantes. Au-dessous encore, l'on ne voit plus que des morceaux de roches beaucoup plus grands, sans aucun terreau. Enfin, plus bas que toutes ces couches de terre et de pierres en fragments, on aperçoit les bancs de la roche sans altération r.

L'action de l'air et de la pluie, transforme ainsi peu à peu la surface du sol ; en même temps, les feuilles des arbres à l'automne et toutes les parties des végétaux qui se flétrissent et se dessèchent chaque année se mêlent à la roche déjà altérée.

Au fond des vallées, la terre végétale n'a pas été constituée sur place ; elle est formée avec les éléments transportés par les cours d'eau et déposés par eux ; c'est ce qu'on nomme de la terre de transport.

Sur les pentes assez rapides, on trouve en général un mélange de terre végétale formée sur place et de terre de transport. La terre peut devenir épaisse, même sur des pentes très inclinées, si l'on réussit à y faire pousser des arbres. C'est pour cela qu'on s'occupe de reboiser les montagnes dont les pentes sont dénudées.

45. Dépôts formés par les lacs ; comblement des lacs. — Lorsqu'un cours d'eau débouche dans un lac, le courant devient insensible et toutes les substances entraînées par le fleuve ou la rivière se déposent à l'entrée du lac, en formant des couches superposées. Le lac tend donc peu à peu à se combler. C'est ainsi que le bord du lac de Genève du côté où il reçoit le Rhône s'est avancé de trois kilomètres depuis l'époque romaine. On trouve dans les Vosges toutes les transitions entre des lacs profonds et des lacs presque complètement comblés par les apports successifs des cours d'eau.

46. Dépôts à l'embouchure d'un fleuve : barres, deltas, estuaires. — Lorsqu'un fleuve débouche dans la mer, son courant cesse bientôt, comme lorsqu'il débouche dans un lac, ce qui permet aux substances entraînées par le fleuve de se déposer. De plus, comme l'eau douce devient de l'eau salée, ce changement provoque la chute de beaucoup de matières que le fleuve tient en suspension ; par exemple, le calcaire se dépose en partie, car il est bien moins soluble dans l'eau salée que dans l'eau douce.

Les dépôts ainsi formés brusquement dans la mer, en avant de l'embouchure d'un fleuve sont appelés des *barres*. Ces barres,

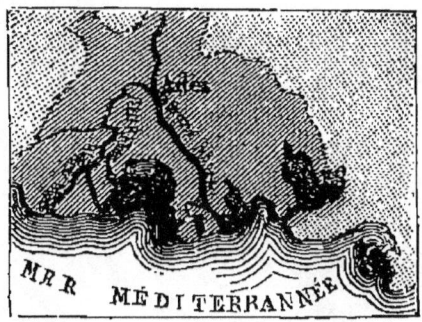

Fig. 42. — Delta du Rhône : les hachures gris foncé indiquent les dépôts apportés par le fleuve.

par leurs déplacements continuels, rendent difficile pour la navigation, l'accès de l'embouchure.

Si le fleuve se jette dans une mer calme, les dépôts s'accumulent et forment une île au milieu de l'embouchure ; le fleuve se divise en deux bras et ces deux bras du fleuve, avec le bord de la mer, donnent la figure de la lettre grecque Δ (delta) ; d'où le nom de *delta* donné à ces dépôts. Tel est le delta du Rhône (fig. 42), le delta du Nil, etc.

Si le fleuve se jette dans une mer très agitée, les débris déposés par le fleuve sont sans cesse emportés par la mer qui ronge les deux côtés du fleuve, et forme alors une embouchure très large appelée *estuaire* (Gironde, Loire, Seine).

47. Dépôts formés par l'eau d'infiltration : Stalactites et stalagmites. — L'eau d'infiltration peut elle-même produire des dépôts, par exemple dans les grottes ou les excavations calcaires. L'eau d'infiltration, riche en acide carbonique, a dissous du calcaire; quand cette eau suinte au plafond

Fig. 43. — Grotte avec stalactites et stalagmites.

d'une grotte, l'acide carbonique s'évapore dans l'air et l'eau dépose un peu de ce calcaire. Il se produit alors un cône supérieur (*stalactite*). En même temps des gouttes tombent sur le sol, et cette eau s'évapore à son tour ; il se forme ainsi un cône inférieur (*stalagmite*). Ces deux cônes finissent par se rejoindre et sont l'origine des colonnes que l'on remarque dans ces grottes.

48. Dépôts formés par la mer. — Les mêmes roches, dont nous venons d'étudier la formation par l'eau douce, peuvent aussi être formées par la mer, et sur une étendue bien autrement considérable ; on peut même dire que la presque totalité des roches nouvelles déposées par les eaux est produite par les mers.

Les *roches calcaires* sont déposées par la mer de plusieurs façons. Sur les points où l'eau est peu profonde, les eaux marines donnent naissance à des dépôts calcaires dus à ce qu'un grand nombre de Mollusques, de Madrépores (fig. 45), ou de Coraux y laissent leurs coquilles ou leurs polypiers calcaires. Ces débris, brisés par les vagues, forment une roche

Fig. 44. — Bancs de galets sur le bord de la mer.

calcaire. Dans les mers profondes, se dépose une boue blanche qui, extraite par une sonde et séchée à l'air, ressemble absolument à de la *craie* : c'est du calcaire très fin mêlé à de petites coquilles microscopiques. Tels sont les dépôts qui se produisent dans la partie nord de l'Océan Atlantique.

Les *roches argileuses* peuvent prendre naissance au fond des mers par le dépôt d'une vase argileuse apportée par les fleuves, ou par le dépôt de l'argile des côtes désagrégée par les vagues et entraînée dans les parties profondes. De semblables dépôts se produisent au fond d'une partie de la Méditerranée.

Les *roches siliceuses*, et en particulier des sables siliceux plus ou moins mêlés de coquilles, se forment souvent dans les parties des mers peu profondes qui avoisinent des côtes non calcaires.

Fig. 45. — Madrépores; les débris de leurs polypiers forment des dépôts calcaires.

Les bancs de galets (fig. 44) résultant de l'action des vagues sur les roches siliceuses se forment fréquemment sur les côtes.

Les *roches salines* (dépôts de gypse et surtout de sel gemme) peuvent se produire en des régions abandonnées par la mer où l'eau salée, soumise à l'évaporation, dépose des sels sur ses bords ou sur le fond; c'est ce qu'on observe assez souvent en Algérie et en Tunisie, dans les marais salants appelés chotts.

49. Formation des dunes. — La mer peut aussi avoir une action indirecte sur la formation de certains terrains. Au bord de beaucoup de plages sablonneuses, aux environs de Dunkerque ou dans les Landes par exemple, on voit des monticules de sable de forme caractéristique, en pente douce du côté de la mer et en pente raide du côté de la terre (fig. 47) ; ce sont des *dunes*. Les dunes se déplacent sous l'action du vent et toujours en allant de la mer vers la terre. On peut expliquer la forme spéciale des dunes et leur mode de formation, par une expé-

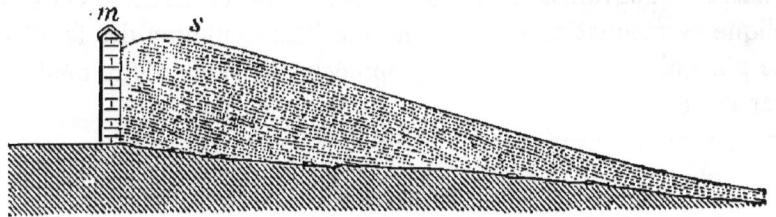

Fig. 46. — Formation d'une dune contre un mur : *s*, sable ; *m*, mur.

rience facile à faire au bord de la mer. Quand le vent souffle régulièrement, on plante dans le sol une petite lame de bois ou une ardoise, perpendiculairement à la direction du vent, sur une plage de sable. Le sable est arrêté par la plaque que l'on a plantée dans le sol; puis ce sable en s'accumulant atteint le som-

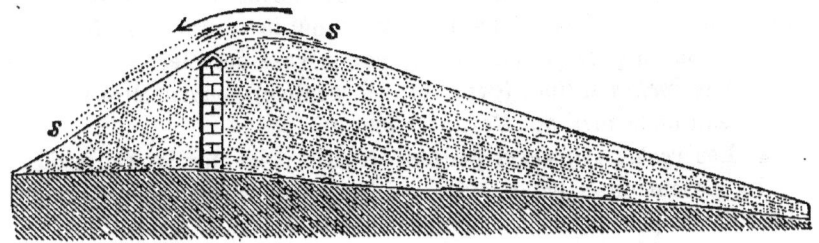

Fig. 47. — La même dune que celle de la figure 46, lorsque le sable *s* a passé par-dessus le mur.

met de la plaque, passe par-dessus et retombe brusquement de l'autre côté : c'est une petite dune.

Une dune peut se former naturellement, lorsque le vent souffle longtemps dans la même direction. Ce commencement de dune grandira et deviendra comme une véritable colline si le sable se trouve arrêté par un obstacle tel qu'un mur ou une maison (fig. 46 et 47).

On comprend combien est à redouter l'envahissement des terres par les dunes qui se déplacent toujours en venant de la mer. L'ingénieur français Brémontier, remarqua que les dunes des Landes ne s'étaient avancées que depuis la disparition des forêts des Landes. Il fit établir sur les dunes des plantations de pins maritimes. Ce reboisement a suffi pour arrêter complètement l'envahissement des dunes dans les Landes. On explique ce résultat en remarquant que l'accumulation des feuilles de pin qui recouvrent le sol, empêche le sable d'être déplacé par le vent.

RÉSUMÉ

Action édificatrice de l'eau liquide. — L'eau des cours d'eau, des lacs ou des mers dépose en certains points des matériaux qui constituent de nouvelles roches. Toutes les roches, sauf les roches cristallines peuvent avoir une semblable origine.

1° Les *roches calcaires* peuvent être formées par les eaux douces qui, à l'air, abandonnent de l'acide carbonique, ou être formées par les eaux de la mer (dépôts de calcaire grossier, de craie, etc.).

2° Les *roches argileuses* peuvent être formées par le dépôt du limon des cours d'eau dans les points où le courant est le moins rapide, ou en plus grande masse, par la vase des mers.

3° Les *roches salines* (gypse et sel gemme) peuvent être formées par l'eau de la mer qui s'évapore (chotts).

4° Les *roches siliceuses* peuvent être formées par les cours d'eau qui déposent du sable ou des cailloux roulés, ou en plus grande abondance par la mer qui donne des dépôts de sable et de galets.

L'action de l'eau à la surface du sol ne nous montre pas la formation des *roches cristallines*.

Dépôts formés par les torrents, les cours d'eau et l'eau d'infiltration. — Les torrents en arrivant dans une vallée y forment des dépôts en forme de cône. Les cours d'eau déposent, suivant la vitesse de leurs eaux, des cailloux roulés, du sable ou du limon. Lorsqu'un fleuve débouche dans la mer, les matériaux transportés par ce cours d'eau tombent dans la mer et déposent les *barres*. Si le fleuve débouche dans une mer tranquille, il forme un *delta*; s'il débouche dans une mer très agitée il forme un *estuaire*. L'eau d'infiltration peut aussi produire des dépôts; tels sont les stalactites et les stalagmites qu'on trouve dans les cavernes calcaires.

Dépôts formés par la mer. — Les dépôts les plus importants en étendue et en épaisseur sont formés par la mer, soit sur ses bords, soit dans ses profondeurs; la mer, recevant par les cours d'eau et par l'eau d'infiltration une masse énorme de substances, les laisse tomber peu à peu jusqu'au fond ; mais il se produit aussi d'importants dépôts par l'intermédiaire d'être organisés : les coquilles des Mollusques, les carapaces des Crustacés ou les polypiers des polypes se déposent au fond des mers ou sont rejetés sur les côtes, après la mort de ces animaux.

Enfin, la mer, sur les plages sableuses, peut indirectement donner naissance aux *dunes* qui s'avancent vers les terres ; c'est le vent de la mer qui produit les dunes et les fait progresser vers l'intérieur du continent.

CHAPITRE VII

DESTRUCTION ET FORMATION DES ROCHES PAR LA GLACE; LES GLACIERS

50. Action de la gelée sur les roches. — L'eau qui s'accumule peu à peu dans les fissures des roches, gèle en hiver, et comme la glace occupe un volume plus grand que l'eau liquide, elle agrandit les fissures en se dilatant lorsqu'elle gèle. Il peut alors arriver une plus grande quantité d'eau dans la fente agrandie, et quand cette eau gèle de nouveau, elle se dilate avec plus de force ; au bout de plusieurs hivers, le morceau extérieur de la roche se détache et tombe. Si l'on est à la base d'une falaise ou de la pente abrupte d'une montagne, on y voit des éboulis formés de morceaux de rocs qui ont été détachés ainsi par la gelée. C'est surtout au printemps, au moment du dégel, que l'on voit tomber ces blocs de pierres, lorsqu'ils ne sont plus retenus par la glace qui les soudait encore à la masse de la roche.

Beaucoup de roches poreuses peuvent être désagrégées par la gelée lorsqu'elles ont été pénétrées par l'eau ; tels sont certains grès ; ces roches forment de mauvaises pierres de construction, on les nomme *pierres gélives*.

51. Neige des hautes montagnes; névés. — Supposons que nous nous transportions dans les Alpes, sur le sommet des montagnes ; lorsque le temps deviendra mauvais, nous verrons toujours tomber de la neige et non de la pluie, à moins que nous ne soyons dans les plus fortes chaleurs de l'été.

Comme il fait très froid pendant toute l'année dans ces hautes

DESTRUCTION ET FORMATION DES ROCHES PAR LA GLACE

régions des montagnes, la chaleur du soleil ne peut arriver à fondre complètement la neige qui tombe sur le sol. D'ailleurs, cette neige ne reste pas, en général, là où elle est tombée; elle est transportée par le vent dans les endroits creux et peut y atteindre souvent une épaisseur considérable. Si la pente où s'accumule la neige est très inclinée, cette neige peut glisser en grande masse, ce qui constitue une *avalanche*.

On appelle *névés* les champs de neige *(n,* fig. 55) qui se sont ainsi formés vers les plus hauts sommets, par exemple sur le haut des montagnes que représente la figure 48.

Dans les Alpes françaises, lorsqu'on s'élève à une hauteur de plus de 2500 mètres au-dessus du niveau de la mer, on trouve des névés qui ne fondent jamais complètement, même par les plus fortes chaleurs. A partir de cette limite, on atteint ce qu'on appelle : la région des neiges éternelles.

52. Glaciers. — Si la pente où s'accumule la neige des hauts sommets est peu inclinée, cette neige n'a pas pu glisser sur le sol; sur place, elle s'est transformée en névés qui fondent pendant l'été, mais pas assez pour qu'il n'en reste plus au commencement de l'hiver. C'est donc sur une couche de névés que viennent s'accumuler les nouvelles neiges, et ainsi de suite pendant les années suivantes.

La neige qui est dans les parties profondes des névés est beaucoup plus dure et plus compacte que celle qui vient tomber à leur surface. Dans les hautes régions des chaines de montagnes les plus élevées, les neiges s'accumulant dans les vallées supérieures exercent par leur poids une pression énorme sur les couches inférieures qui deviennent plus compactes que la neige des névés; les parties profondes finissent par se transformer tout à fait en une immense masse de glace qui remplit le fond de la vallée. C'est alors un *glacier*.

On voit, dans les Alpes de la Savoie et du Dauphiné, d'immenses étendues de glace qui subsistent par les plus fortes chaleurs et qui viennent s'étaler jusque dans les vallées cultivées (fig. 48).

Fig. 48. — Base d'un glacier arrivant dans une vallée ; F, moraine frontale ; LL, moraines latérales

DESTRUCTION ET FORMATION DES ROCHES PAR LA GLACE

53 Fonte des glaciers. — Allons, en été, dans une vallée, à la base d'un glacier, à l'endroit où le champ de glace se termine : nous verrons de l'eau s'écouler au-dessous de la glace. Pour reconnaître d'où vient cette eau, marchons maintenant à la surface du glacier, au milieu de la journée, alors que le soleil y envoie ses rayons brûlants ; nous nous apercevrons que la glace fond à la partie supérieure, sous l'ardeur des rayons solaires. Nous verrons l'eau liquide, ainsi formée, couler à la surface du glacier jusqu'à ce qu'elle rencontre une de ces grandes fentes de la glace appelées *crevasses* (fig. 49

Fig. 49. — Crevasse dans un glacier.

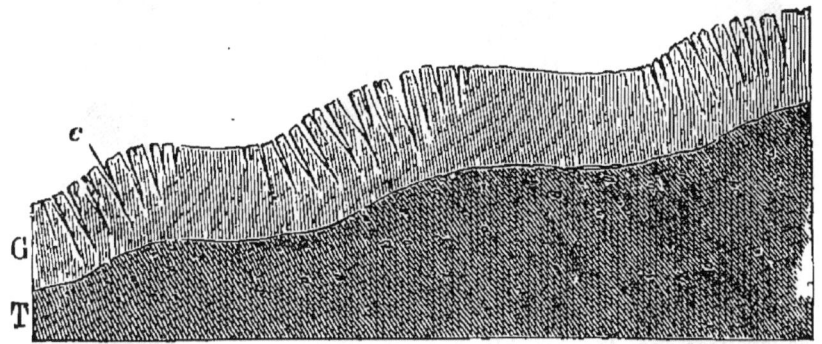

Fig. 50. — Glacier qu'on suppose coupé en long, montrant les crevasses *c*.

et 50). L'eau tombe alors dans ces crevasses et arrive au fond du glacier : cette eau passe par tous les interstices qu'elle peut trouver; elle se creuse un lit dans les cailloux, sous la glace, et elle forme ainsi une sorte de tunnel qui vient déboucher au bas du glacier, pour donner naissance à un cours d'eau (r, fig. 55).

C'est de cette manière que prennent naissance les rivières ou les fleuves qui sortent des montagnes très élevées. Le Rhône, par exemple, prend sa source à la base d'un glacier, au Saint-Gothard.

Ainsi donc, tous les étés, les glaciers *fondent*, et cette fusion est surtout considérable vers leur base.

54. Marche des glaciers.

Comment se fait-il alors que les glaciers gardent, en apparence, la même forme? Comment se fait-il que la glace soit toujours à la base du glacier en même quantité?

Puisque la glace fond continuellement dans les parties les plus basses de ce champ de glace, ces parties ne devraient-elle pas disparaître complètement au bout d'un certain nombre d'étés?

D'autre part, la neige qui s'accumule sur les hauts sommets,

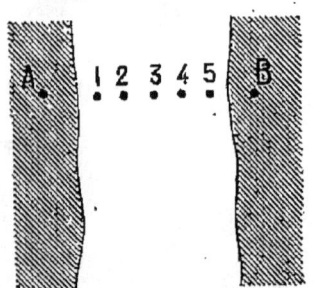
Fig. 51. — 1, 2, 3, 4, 5, pieux mis sur la glace suivant la ligne AB.

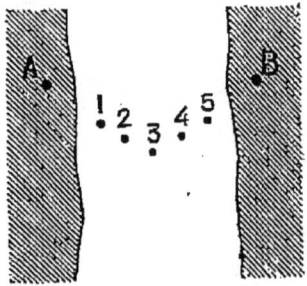
Fig. 52. — Au bout d'un certain temps, les pieux se sont déplacés, entraînés par le glacier.

devrait, à ce qu'il semble, s'entasser indéfiniment dans les parties creuses, en les comblant complètement et en faisant disparaître les inégalités de la montagne.

On s'est expliqué qu'il n'en soit pas ainsi, lorsqu'on a découvert que ces masses de glace, en apparence immobiles, descendent lentement, sous l'action de leur poids, en frottant fortement contre les roches.

On peut constater cette *marche des glaciers* de la montagne vers la vallée, en faisant l'expérience suivante, qui est bien simple :

On choisit deux roches fixes placées en face l'une de l'autre sur les bords du glacier, on y marque deux points de repère A et B (fig. 51) ; et sur la ligne AB on plante solidement sur la glace des pieux 1, 2, 3, 4, 5.

Si l'on revient à la même place, au bout d'un an, et qu'on cherche les parois de roche où l'on a fait les marques, on trouvera les pieux 1, 2, 3, 4, 5 disposés comme dans la figure 52 ; la masse de glace tout entière s'est donc déplacée, plus vite au milieu que sur les bords. Le pieu du milieu s'est avancé, par exemple, en un an, de 50 ou 60 mètres vers la base du glacier.

Ainsi, l'eau solide, comme l'eau liquide, descend de la montagne vers la plaine : le glacier s'écoule comme un fleuve, mais avec une très grande lenteur.

La masse de glace, en s'avançant, vient à la base du glacier, se fondre sous l'action de la chaleur, tandis qu'elle se renouvelle perpétuellement, à sa naissance, par l'accumulation des neiges qui tombent sur les hauts sommets.

55. Explication de la marche des glaciers. — La glace s'écoule lentement, mais non pas à la manière d'un corps pâteux qui descendrait tout simplement le long des parois du glacier ; car la glace est une matière peu plastique, comme le prouve l'existence des crevasses.

L'explication de la marche des glaciers est la suivante : lorsque la glace est pressée, elle fond, tout en restant à une température très froide, et dès que la pression cesse, l'eau provenant de la fusion regèle.

Voici une expérience qui démontre cette propriété de la glace : on attache deux poids lourds aux deux extrémités d'un fil de cuivre très fin qu'on place sur un morceau de glace en laissant pendre les deux poids à droite et à gauche, (fig. 53). Le fil de cuivre pressant sur la glace, la fond et descend peu à peu de A à C; dès que la glace n'est plus pressée par le fil de cuivre elle se regèle au-dessus. C'est ainsi qu'au moment où le fil est dans la position que représente la figure 53, le fil de cuivre a été de A en B, et va descendre jusqu'en C, mais la glace s'est regelée en AB.

On peut faire une expérience analogue d'une façon plus simple, en pressant deux morceaux de glace l'un contre l'autre; dès que l'on a cessé de les presser, ils se sont soudés; la glace

 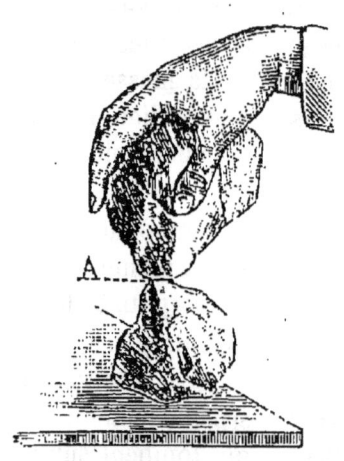

Fig. 53. — Expérience pour montrer que la glace fond sous l'effet de la pression, puis se regèle : un fil de cuivre portant deux poids à ses extrémités presse sur la glace, la fond, et la traverse de A en C ; dès que la glace n'est plus pressée elle se regèle (en A B).

Fig. 54.— Autre expérience pour montrer le regel : on a pressé deux morceaux de glace l'un contre l'autre, en les serrant avec les deux mains ; on lâche une main, les morceaux sont soudés en A par l'eau qui a été fondue par la pression, puis regelée.

ayant fondu sous la pression, puis ayant regelé quand on a cessé de presser, les deux morceaux de glace se sont trouvés reliés par cette eau regelée (fig. 54). On nomme *regel,* ce phénomène.

C'est par la fusion de la glace sous l'action de la pression et par le regel qui se produit ensuite qu'on peut expliquer la marche des glaciers. En effet, le poids du glacier s'exerce sur les parties profondes qui reposent sur la roche. Cette glace des

DESTRUCTION ET FORMATION DES ROCHES PAR LA GLACE 65

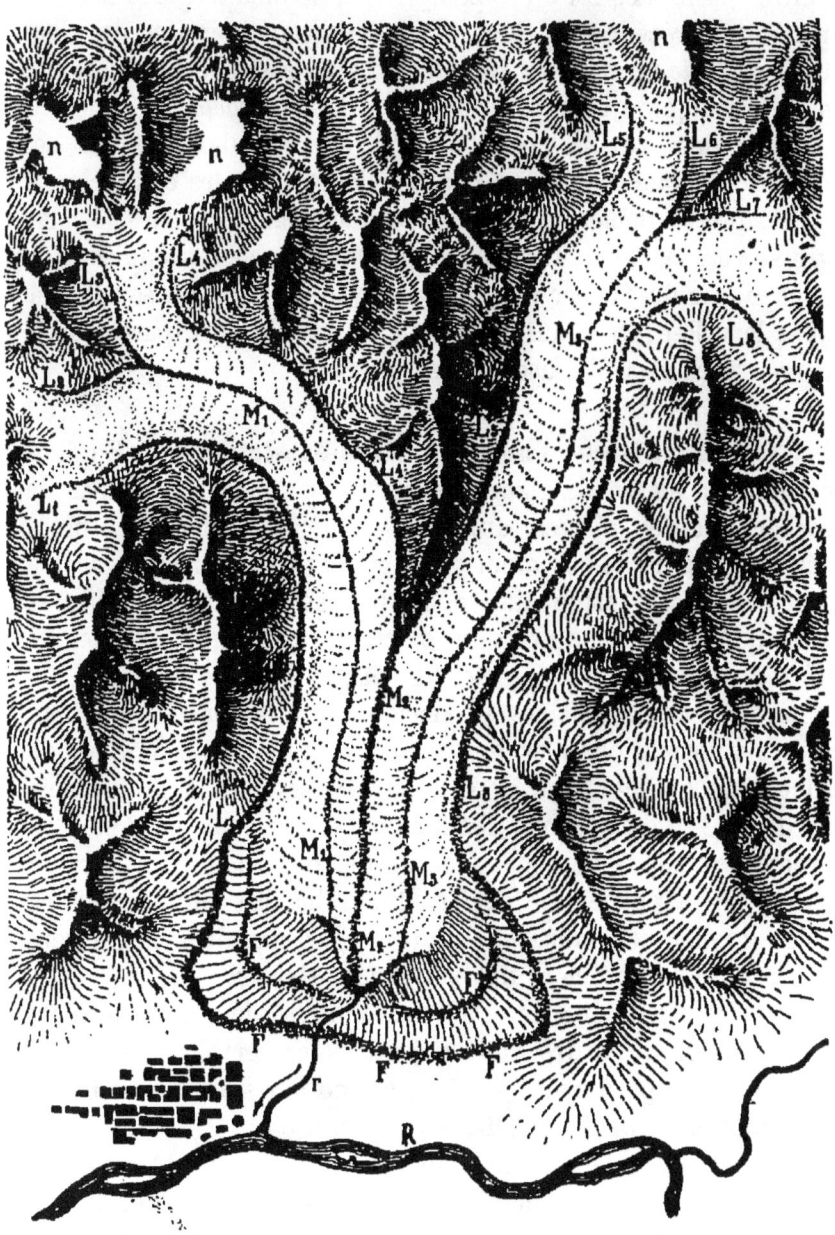

Fig. 55. — Plan d'un glacier : $L_1, L_2, L_3, L_4, L_5, L_6, L_7, L_8$, moraines latérales ; M_1, M_2, M_3, moraines médianes ; F, F, F' et F', F', moraines frontales r, cours d'eau sortant du glacier allant rejoindre un autre cours d'eau R.

4.

parties profondes est alors comprimée, comme la glace des expériences précédentes. Sous l'action de cette pression, la glace fond et *devient de l'eau liquide* qui tend à s'écouler ; mais dès que l'eau liquide n'est plus pressée, *elle se regèle*.

C'est ainsi par la pression qu'il exerce lui-même sur ses parties profondes, faisant continuellement fondre et regeler la glace, que le glacier se moule exactement sur les roches, et progresse vers la vallée. Les mêmes phénomènes se reproduisent du haut en bas du glacier jusqu'à l'endroit où ce glacier se termine dans la vallée ; là l'eau fondue ne se regèle plus, parce que la température n'est pas assez basse.

56. Moraines; roches polies et striées. — En descendant, la masse de glace arrache sur ses flancs des blocs de rochers ou des pierres, auxquels viennent se joindre les blocs détachés des flancs des montagnes, qui sont venus rouler jusqu'à la glace. Il se forme ainsi deux bandes de blocs de pierres accumulées de chaque côté du glacier : c'est ce que l'on nomme les *moraines* (L_1, L_2, L_3, etc, fig. 55 ; et L, L fig. 56).

Lorsque deux glaciers se rencontrent à la jonction de deux hautes vallées, pour n'en plus former qu'un seul, la moraine de gauche du premier glacier (L_2, fig. 55) se joint à la moraine de droite L_3, du second ; la réunion de ces deux moraines ne produit qu'une seule suite de pierres qui se trouve alors au milieu de la partie du glacier située plus bas en M_1 : c'est ce qu'on nomme une *moraine médiane*. Les moraines qui restent sur le bord se nomment des *moraines latérales*.

D'après le plan du glacier qui est ici figuré, le glacier provient de la réunion de quatre vallées principales remplies de glace; il s'est donc opéré trois jonctions de moraines et il s'est formé trois moraines médianes (M_1, M_2, M_3, fig. 55.)

Ce n'est pas seulement en usant les roches et en arrachant des blocs sur leurs bords, que les glaciers altèrent les terrains ; ils frottent aussi sur les parties profondes de la vallée qu'ils parcourent. Leur action est alors beaucoup plus considérable, car ils glissent sur les roches, en pressant contre elles de tout le poids de leur glace. Sur les parois de la vallée qui sont au contact de la glace, on observe des *stries* produites par le frottement du glacier; le glacier entraîne souvent avec lui des fragments de roches, qui pressés par la glace frottent fortement contre les roches fixes, et les marquent aussi de stries (fig. 57); ces stries sur les roches fixes sont dirigées dans le sens de la marche du glacier; la glace elle-même peut aussi *polir* les roches sur lesquelles elle frotte. Au fond de la vallée, les roches

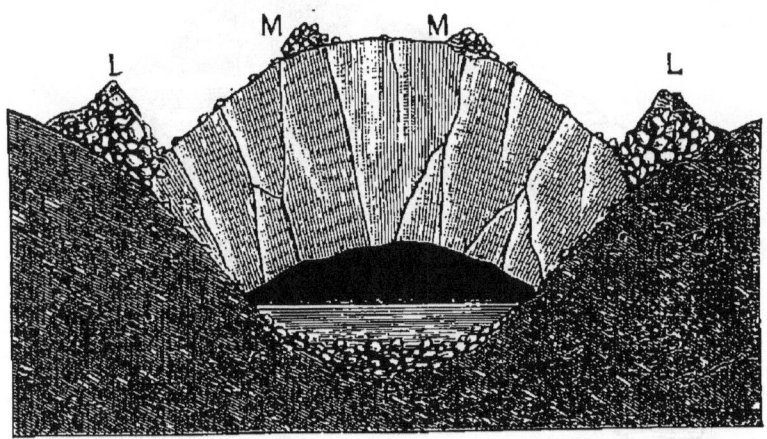

Fig. 56. — Glacier qu'on suppose coupé en travers, non loin de sa base :
L, L, moraines latérales; M, M, moraines médianes; P, moraine profonde.

sont réduites en fragments bientôt arrondis qui ressemblent aux galets des rivières, mais qui diffèrent de ces derniers par les rayures et les stries qu'ils présentent à leur surface ; ces fragments de roches entraînés dans le fond du glacier forment la *moraine profonde* (P, fig. 56).

En somme, dans sa marche lente, le glacier use et altère les terrains qui sont en contact avec lui; par son frottement, il peut polir ou strier les roches; il réduit en fragments arrondis celles qui sont au-dessous ; il use ou il enlève par morceaux celles qui sont sur ses bords.

57. Terrains formés par les glaciers; moraine frontale; dépôts glaciaires. — Les pierres que les glaciers enlèvent aux roches sont ensuite déposées et forment de nouveaux terrains.

Un glacier fait descendre lentement tous les blocs de pierre qui composent ses moraines médianes et ses deux moraines latérales. A mesure que toutes ces pierres arrivent au bas du glacier, où la glace fond, elles sont déposées sur le sol, en avant du front du glacier : on appelle *moraine frontale* cette accumu-

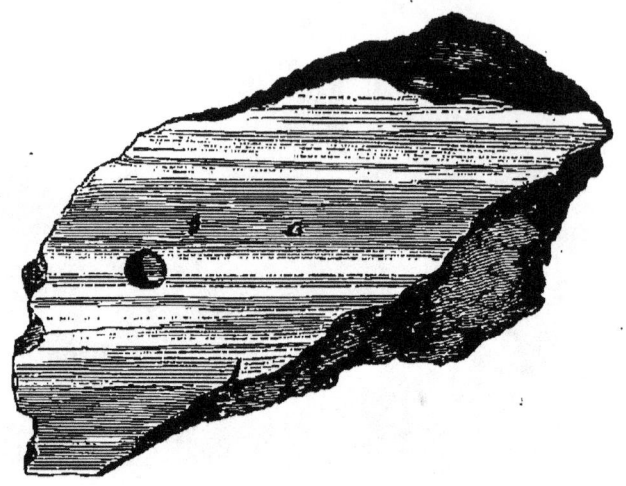

Fig. 57. — Morceau de roche polie et striée par le frottement d'un glacier. (On voit au milieu de la partie striée trois petites cavités qui n'ont pas été polies par le frottement).

lation de débris et de blocs de pierre qui s'élève ainsi au-devant et à la base du glacier (F, F, F, fig. 55 et fig. 48).

Dans les parties profondes, le glacier forme, comme nous l'avons vu, un grand nombre de cailloux roulés et striés ; ces cailloux s'amoncellent, les uns au-dessus des autres, en couches superposées. De plus, la glace par son frottement, en usant les roches sur lesquelles elle glisse, et l'eau liquide provenant de la fusion de la glace superficielle du glacier altèrent aussi les roches : il se produit comme dans les cours d'eau ordinaires, du sable et du limon argileux qui se déposent avec les cailloux roulés. Ces *dépôts glaciaires* peuvent atteindre une très grande épaisseur.

58. Glaciers du pôle. — Nous avons dit qu'au delà

de 2.500 mètres de hauteur au-dessus du niveau de la mer on atteint, dans les Alpes, la région des neiges éternelles.

Dans les Alpes Scandinaves, en Norvège, il suffit de s'élever au-dessus de 1.000 mètres pour atteindre la région des neiges qui subsistent pendant l'été ; enfin, si l'on va encore plus au nord, dans les contrées polaires, la région des neiges éternelles n'est presque pas plus élevée que le niveau de la mer. Dans ces pays, les glaciers s'étendent jusqu'à la côte : ils arrivent dans la mer.

Il existe ainsi beaucoup de grands glaciers au Groenland, au nord de l'Amérique ; ils forment de véritables fleuves de glace dont le courant est très lent. Ces glaciers s'avancent peu à peu vers la mer, dans laquelle il plongent en y laissant tomber les blocs de pierre qui forment leurs moraines.

59. Glaces flottantes. — Lorsque la glace de ces glaciers

Fig. 58. — Glaces flottantes des mers polaires ou banquises.

arrive, ainsi poussée par ce mouvement, dans la mer, dont les eaux sont réchauffées par les courants qui viennent des régions chaudes de l'équateur, elle se détache en fragments considérables qui flottent à la surface de l'eau (fig. 58).

Ces glaces flottantes, atteignent souvent d'énormes dimensions; elles forment ce qu'on appelle des *banquises*.

Les banquises formées par les glaciers du Groenland sont entraînées par des courants marins qui les ramènent vers le sud; elles fondent peu à peu, à mesure que l'eau qui les porte devient de plus en plus chaude. On rencontre quelquefois des banquises jusqu'au sud de Terre-Neuve.

RÉSUMÉ

Névés. — Dans nos pays, l'eau ne subsiste à l'état de glace, pendant toute l'année, que sur les sommets des plus hautes montagnes.

La neige qui tombe dans ces régions élevées s'accumule en formant les *névés*.

Glaciers. — Sous l'action de son propre poids, la neige se presse elle-même; la neige pressée forme une masse compacte et, plus bas, se transforme en glace transparente. Le névé est alors devenu *glacier*.

Les glaciers, qui sont en apparence immobiles, descendent en réalité de la montagne vers la vallée; mais leur mouvement est très lent. Cette marche des glaciers s'explique par la pression qu'exerce le poids du glacier sur sa partie profonde; cette pression fait fondre la glace, puis l'eau formée tend à s'écouler, regèle presque immédiatement, et ainsi de suite.

Action des glaciers sur les roches. — Les glaciers polissent les roches qu'ils frottent dans leur marche et y marquent des stries. Dans leurs parties profondes, ils arrachent des fragments de roche qu'ils roulent en cailloux; sur leurs bords, ils enlèvent des morceaux de pierre qu'ils transportent en longues files appelées *moraines latérales*.

Tous ces blocs de pierre forment au-devant du glacier une masse appelée *moraine frontale;* les roches altérées, au fond du glacier, produisent du sable, du limon et des galets qui constituent les *dépôts glaciaires.*

Banquises. — Dans les régions polaires, les glaciers ne sont pas fondus avant d'arriver dans le mer. La glace qu'ils poussent lentement dans la mer se détache en grands fragments : ce sont les *banquises.*

CHAPITRE VIII

SOURCES THERMALES; VOLCANS; MOUVEMENTS DU SOL

60. Température des couches profondes du sol.
— La température des couches inférieures du sol est toujours beaucoup plus élevée que celle de la surface. Dans les mesures de température que l'on a pu faire depuis la surface du sol jusqu'à la base des mines les plus profondes, on a trouvé que la température s'élevait d'un degré par 30 mètres, environ.

Dès lors, à mesure que l'eau d'infiltration pénètre plus profondément dans les diverses couches du sol, elle rencontre des roches de plus en plus chaudes : elle devient elle-même plus chaude ; et si elle atteint quelque fissure superficielle, cette eau chaude peut s'écouler à la surface : c'est ce qui constitue une *source thermale*. Comme l'eau chaude dissout plus facilement la plupart des substances minérales que l'eau froide, les eaux des sources thermales contiennent beaucoup de substances en dissolution ; elles déposent une partie de ces subtances en se refroidissant.

C'est ainsi que certaines sources chaudes, telles que celles de la province de Constantine, en Algérie, déposent du calcaire. D'autres, déposent de la silice : telles sont les sources qui forment les geysers.

Une partie de ces dépôts se produit dans les fissures à travers lesquelles l'eau des sources thermales se fait jour ; ces fissures se remplissent de diverses substances qui souvent cristallisent ; ces dépôts dans les fissures des roches sont appelés *filons*.

61. Geysers. — Les geysers d'Islande ou du Canada sont des sources d'eau bouillante qui forment des sortes d'éruptions.

SOURCES THERMALES ; VOLCANS ; MOUVEMENTS DU SOL

De temps en temps, on entend comme des détonations sous le sol, le bassin du geyser s'emplit d'eau ; il sort un jet d'eau de quelques mètres ; la source redevient plus calme, puis il s'élève un immense jet qui peut atteindre jusqu'à 20 ou 40 mètres

Fig. 59. — Geyser.

de hauteur (fig. 59). Le bassin est complètement vidé ; ensuite l'eau chaude se remet à le remplir tranquillement jusqu'à une prochaine éruption. L'eau d'un geyser sort d'un cône formé par les dépôts siliceux du geyser ; au sommet de ce cône se trouve une ouverture circulaire par où l'eau jaillit.

62. Volcans boueux ; fumerolles. — Dans certaines régions, l'eau du sol est tellement surchauffée dans les couches profondes qu'elle apparaît à la surface à l'état de vapeur qui se condense en sortant. Ce sont les *fumerolles* (fig. 60), telles que celles du Monte Citio, dans l'île d'Ischia, près de Naples. Les fumerolles produisent, comme les eaux thermales, des dépôts de

Fig. 60. — Fumerolles.

différents sels, tels que l'alun, des sulfures et divers autres sels. Il y a même des fumerolles qui transforment en argile les roches qu'elles traversent. La vapeur d'eau sort alors par un conduit (*cheminée*), rejette de l'argile tout autour de l'orifice de la cheminée formant une sorte de cratère : c'est ce qu'on nomme des *volcans de boue*.

63. Volcans. — Les *volcans*, ne sont, pour ainsi dire, que l'exagération des sources thermales. En effet, en partant de l'observation des *sources ordinaires*, on peut passer par une série de transitions à des sources d'origine souvent plus profonde, et qui contiennent des substances plus nombreuses en dissolution : ce sont les *sources minérales*.

Si ces sources sont des sources d'eau chaude, ce sont les *sources thermales*, qui peuvent parfois produire des éruptions brusques (geysers) et former des dépôts. Si ces sources sont assez chaudes

SOURCES THERMALES ; VOLCANS ; MOUVEMENTS DU SOL

pour que l'eau passe à l'état de vapeur, ce sont les *fumerolles* qui, en certains cas, donnent lieu aussi à des éruptions bien caractérisées (volcans de boue). De là, on peut passer ainsi par une série de transitions aux phénomènes volcaniques proprement dits, car la principale cause des volcans, comme nous allons le voir, c'est l'action de l'eau portée à une très haute température.

64. Diverses parties d'un volcan. — C'est à une certaine profondeur dans le sol que se trouve l'origine d'un volcan. Les matières rejetées au dehors par le volcan y arrivent par le canal qu'on nomme la *cheminée* (fig. 61), qui débouche ordinai-

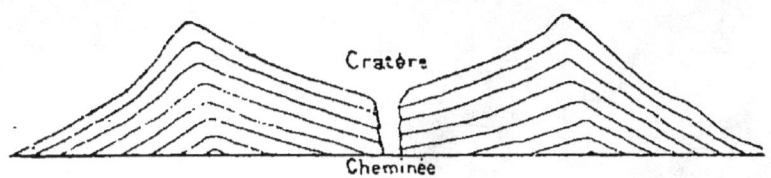

Fig. 61. — Cône volcanique, qu'on suppose coupé verticalement.

rement au fond d'une cavité en forme de cuvette qu'on nomme le *cratère*. Cette cavité est limitée par l'ensemble des roches rejetées par le volcan, qui se sont solidifiées et qui constituent le *cône volcanique*.

La réaction souterraine de l'eau de la mer sur les roches semble devoir être une des causes de la formation des volcans ; les volcans, comme on peut le remarquer, sont généralement situés non loin du bord de la mer.

65. Activité variable d'un volcan. — Le plus souvent, un volcan produit simplement le phénomène des fumerolles dont nous avons parlé plus haut. La vapeur d'eau sort du cratère et se condense en petits nuages au-dessus du cône volcanique (fig. 62).

De temps en temps, l'activité du volcan devient plus considérable ; il rejette au dehors une plus grande quantité de vapeur d'eau ; des roches fondues viennent se réunir dans son cratère pour se répandre en coulées de laves par les fissures latérales du cône, ou même par-dessus les bords du cratère : on dit alors que le volcan entre en *éruption*.

Fig. 62. — Volcan (Le Vésuve).

66. Éruption volcanique. — Quelques jours avant l'éruption d'un volcan, le sol tremble tout autour, puis une série de détonations se produisent au milieu du cône volcanique, les fumerolles jaillissent avec plus de violence. Si l'on observe l'aiguille d'une boussolle, on voit qu'elle éprouve de grandes perturbations qu'elle oscille irrégulièrement.

Une énorme colonne de vapeur d'eau condensée en petites gouttelettes (ce qu'on appelle improprement la fumée du volcan) s'élève en masse blanche jusqu'à une grande hauteur, où elle s'étale en larges nappes de nuages (fig. 63). Cette masse de nuages est traversée à intervalles rapprochés par des jets de roches et de poussières incandescentes, qui sont lancées au-dessus du cône volcanique.

Les fragments projetés par l'éruption sont appelés *scories volcaniques;* certains de ces fragments ont la forme d'un fuseau ou plus souvent d'une boule ; c'est ce qu'on appelle des *bombes volcaniques;* ce sont des morceaux de lave projetés à l'état pâteux et qui pendant le trajet se sont solidifiés autour d'un morceau de roche formant comme un noyau (voyez fig. 79 *bis*).

Les fragments plus petits sont appelés *lapilli*.

Fig. 63. — Le Vésuve en éruption (d'après une photographie).

Les pierres les plus grosses retombent sur le cratère ou sur les parois du cône volcanique, mais les plus petites sont emportées dans l'air ; elles forment ce qu'on appelle les *cendres volcaniques*, bien que ces fragments de roche ne soient en rien comparables à des cendres (résidu d'un combustible brûlé). Ces poussières sont parfois si abondantes qu'elles obscurcissent le ciel sur une grande étendue ; elles retombent en pluie jusqu'à des distances considérables ; dans plusieurs éruptions du Vésuve, des pluies de cendres volcaniques ont été transportées jusqu'à

Constantinople et jusqu'en Afrique. Les cendres projetées par la dernière éruption du Krakatoa, volcan de Java, ont été entraînées à des distances encore bien plus grandes.

En même temps qu'ont lieu ces détonations et ces projections de pierres, il se produit habituellement des fentes dans les parois du cône volcanique; les fentes sont provoquées par le poids des roches fondues qui remplissent la cheminée et le cratère; ces roches s'écoulent alors au dehors. La roche en fusion vient s'épancher en courants incandescents sur les pentes du cône et jusque dans les plaines avoisinantes, traversant les bois, recouvrant les champs, arrivant jusqu'au milieu des maisons, dans les villages. Ces roches fondues constituent la *lave* (voy. § 30). Les torrents de lave sont cachés pendant la journée par les nuages qui s'en dégagent; pendant la nuit, la lave apparaît, au contraire, en nappes de feu qui se déroulent sur les flancs du volcan et dont les reflets colorent les nuées sortant du cratère. En même temps les nuages formés au-dessus du volcan produisent des orages très violents; des pluies abondantes viennent former des torrents de boue dont les effets sont encore plus désastreux que ceux de la lave. Ce sont ces torrents de boue et des pluies de cendres qui ont enseveli, en l'an 79, Herculanum et Pompéi, près du Vésuve.

L'éruption se continue souvent pendant plusieurs semaines et est suivie d'une période plus tranquille pendant laquelle les projections deviennent moins fréquentes : il n'y a bientôt plus qu'une colonne de vapeur condensée qui devient de plus en plus faible.

67. Gaz rejetés par les volcans. — Les volcans rejettent surtout de la vapeur d'eau (plus de 98 pour 100 des gaz rejetés), et en même temps d'autres gaz, tels que l'acide chlorhydrique, l'acide sulfureux, l'acide sulfhydrique et l'acide carbonique (1).

---

(1) L'acide chlorhydrique est un gaz qui se produit par la combinaison du chlore, gaz jaune verdâtre, avec l'hydrogène gaz qui est un des éléments de l'eau. L'acide sulfureux est le gaz à odeur piquante qui se produit quand le soufre brûle dans l'air, par exemple, quand on brûle le soufre d'une allumette; l'acide sulfhydrique est un gaz à odeur d'œufs pourris qui est formé de soufre et d'hydrogène; on le trouve dans les eaux sulfureuses. Nous avons déjà parlé de l'acide carbonique (voyez § 7).

SOURCES THERMALES; VOLCANS; MOUVEMENTS DU SOL 79

Ce fait seul de la prédominance de l'eau parmi les substances rejetées par les volcans montre combien les phénomènes volcaniques sont à rapprocher de ceux des fumerolles, des volcans de boue, des geysers et des sources thermales.

68. Une éruption ne produit ni flamme ni fumée : la lave ne brûle pas à l'air. — On sait que la fumée est formée par les parties incomplètement brûlées d'un combustible qui s'élève avec l'air chaud. Nous venons de voir qu'un volcan ne produit pas de fumée; c'est la vapeur d'eau se condensant en nuées qu'on désigne à tort sous ce nom.

Toutes les laves, les poussières rougies, les pierres projetées dans les airs et la réflexion de leurs lueurs sur les nuages formés par l'eau condensée ont fait souvent croire que les volcans produisent des flammes ; mais il n'en est rien. Les volcans en éruption ne rejettent que de la vapeur d'eau, des roches, des pierres et des poussières qui sont rougies par la chaleur, ou encore des gaz portés à une haute température; mais jamais il ne se produit de flammes. Les laves ne sont pas combustibles et ne brûlent pas au contact de l'air.

69. Terrains formés par l'action des phénomènes volcaniques ; roches éruptives. — Les laves ne forment pas seulement le cône volcanique; nous avons vu qu'elles peuvent s'étendre à de grandes distances ; souvent, elles s'infiltrent entre les roches qui ont été autrefois déposées par les eaux et y forment des masses qui s'intercalent au milieu de ces roches ou viennent s'épancher à la surface (fig. 64). Il peut y avoir ainsi éruption

Fig. 64. — Roche éruptive P, intercalée entre des roches R déposées par les eaux.

et apparition de roches nouvelles sans qu'il y ait eu formation de volcan à proprement parler. D'une manière ou de l'autre, ces roches qui sortent des parties profondes du sol pour venir s'épandre à l'état liquide à la surface, où elles se solidifient, sont appelées des *roches éruptives*. Ce sont des roches cristallines qui, nous l'avons vu (§ 30), ne sont pas, en général, formées par l'action des eaux à la surface du sol.

70. Mouvements brusques du sol; tremblements de terre. — Nous venons de dire qu'avant l'éruption d'un volcan ou même d'un geyser le sol tremble. Les mouvements brusques du sol sont parfois en rapport avec les phénomènes volcaniques. Souvent aussi, ils semblent n'avoir aucune relation avec les volcans.

Ainsi, le célèbre tremblement de terre de Lisbonne, en 1755, qui causa la mort de 33.000 personnes et qui retentit jusqu'en

Fig. 64 *bis*. — Fentes produites dans le sol, par les tremblements de terre, en Calabre.

Afrique, se produisit au moment où s'arrêtait tout à coup une éruption de l'Etna. Au contraire, les tremblements de terre qui fendirent le sol de la Calabre (fig. 64 *bis*) de 1783 à 1786, et où le nombre des victimes fut encore plus grand, semblèrent sans aucune influence sur l'activité des volcans les plus voisins.

En 1885, des tremblements de terre analogues se produisirent dans le sud de l'Espagne, mais ils causèrent de moins grands désastres.

Les mouvements brusques du sol, ont lieu parfois latéralement, d'autres fois dans le sens de la verticale.

La cause des tremblements de terre est inconnue. On a quelquefois supposé que ces phénomènes se rapportent à la contraction générale du globe terrestre, contraction qui est forcément inégale suivant la nature des roches. Les tremblements de terre ont parfois pour effet de changer la limite des continents et des mers.

Fig. 65. — Colonnes du temple de Sérapis, marquées par les mollusques perforants.

C'est ainsi qu'en 1835, la côte du Chili s'éleva tout à coup d'environ un mètre sur une longueur de 2.000 kilomètres, reculant par suite le rivage, et augmenta subitement le territoire chilien d'une surface presque égale à celle de la moitié de la France.

On cite aussi comme exemple, le temple de Sérapis, bâti par Marc-Aurèle, près de Pouzzoles en Italie; le sol du temple s'est trouvé abaissé à la suite l'éruption de 1198, de façon que les colonnes du temple ont été immergées jusqu'à plus de 6 mètres au-dessus de leur base. Plus récemment, le sol s'est au contraire relevé de façon que le pied seul des colonnes est aujourd'hui baigné par la mer. On a la preuve de ces mouvements du sol par les marques qu'ont laissées sur les colonnes les mollusques perforants (fig. 84 *bis*) qui ne peuvent vivre qu'au niveau de l'eau et qui ont incrusté les colonnes sur 3 mètres de hauteur (fig. 65). En effet, la Méditerranée n'a pas de marées; les perforations faites par les coquilles marines, indiquent assez exactement le niveau de la mer. La disposition de ces perforations sur les colonnes montre donc nettement qu'il y a eu abaissement puis relèvement du sol, tantôt assez lentement pour que les marques soient continues sur une certaine longueur, tantôt assez brusquement pour qu'il n'y ait pas de marques entre deux parties perforées. Actuellement, le niveau de la mer étant en bas des colonnes, les mollusques perforants creusent leurs trous tout à fait à la base.

71. Mouvements lents du sol. — Mais les résultats des mouvements plus ou moins brusques du sol s'observent assez rarement. Ce qui est plus général, c'est qu'incessamment la limite des continents et des mers, varie par suite des *mouvements lents du sol*.

On peut constater ces mouvements lents en marquant sur une roche, au bord de la mer, un trait qui indique le niveau moyen. Si au bout d'un certain temps le niveau moyen est au-dessus de ce trait, c'est que le sol s'est abaissé par rapport à la mer; l'inverse montrera qu'il s'est élevé. On a observé de la sorte que le sol s'est élevé de $1^m,50$ environ en cent ans dans le nord de la presqu'île scandinave, tandis qu'il s'abaisse, au contraire, dans le sud de cette presqu'île.

En France, on peut citer le Cotentin, dont les côtes sont en voie d'abaissement, tandis que celles qui avoisinent Fréjus ou Aigues-Mortes, dans le midi de la France, se soulèvent, au contraire. Les traces de forêts qu'on trouve sous la mer près des côtes du Cotentin indiquent que la mer y a gagné du terrain sur le continent. Les restes de ports romains à Antibes et à Fréjus, actuellement situés à plusieurs kilomètres des côtes indiquent que le continent y a gagné du terrain sur la mer. En faisant récemment le nivellement de la France, on a constaté que toute la région du nord s'est abaissée de plus d'un décimètre en cinquante ans par rapport au niveau de la mer.

Nous verrons quelle est l'importance des effets que produisent ces mouvements lents du sol, au point de vue des périodes géologiques.

RÉSUMÉ

Sources thermales. — Les sources minérales froides, les sources thermales, les geysers, les fumerolles et les volcans de boue sont des phénomènes produits par l'action souterraine de l'eau froide, de l'eau chaude ou de l'eau en vapeur sur les roches.

Volcans. — Les phénomènes volcaniques sont analogues, mais plus violents. La vapeur d'eau surchauffée semble jouer un grand rôle dans les éruptions volcaniques.

Un volcan en éruption rejette par son *cratère* des fragments de roches solides (pierres diverses et *cendres volcaniques*), des roches devenues liquides (*laves*) et des matières gazeuses dont l'eau constitue la presque totalité.

Toutes ces substances arrivent à la surface du sol par la *cheminée* du volcan; les substances solides, ou qui se solidifient en s'accumulant tout autour de la cheminée, forment le *cône volcanique*.

Roches éruptives. — Les laves ou les roches analogues qui s'infiltrent entre les autres roches et viennent se faire jour au dehors, forment des roches cristallines nouvelles.

Tremblements de terre. — Les tremblements de terre peuvent se produire partout; leur étendue et leur intensité varient beaucoup; tantôt les mouvements brusques du sol ont lieu de haut en bas, tantôt horizontalement.

Mouvements lents du sol. — La limite des continents et des mers change incessamment par suite de mouvements lents du sol qui se produisent sur des étendues considérables.

RÉSUMÉ GÉNÉRAL DE L'ÉTUDE DES MODIFICATIONS DU SOL

CAUSE de la MODIFICATION DU SOL.	ACTION DESTRUCTIVE	ACTION ÉDIFICATRICE
Pluie :	La pluie détruit surtout les roches mécaniquement et enlève les parties les plus friables (formation des pyramides de roches.)	La pluie peut former directement un dépôt de particules de roches à la base d'une paroi abrupte.
Torrents :	Les torrents détruisent surtout les roches mécaniquement, détachant et entraînant des fragments d'autant plus grands que la pente est plus rapide.	Les torrents forment un cône constitué par le dépôt des matériaux qu'ils ont entraînés, dans la vallée où ils débouchent.
Cours d'eau :	Les cours d'eau détruisent les roches mécaniquement et chimiquement; l'eau des cours d'eau chargée d'acide carbonique dissout plus ou moins lentement toutes les roches; les cours d'eau arrondissent les fragments de roches et forment les cailloux roulés, entraînent le sable et tiennent en suspension le limon (argile).	Les cours d'eau déposent, suivant la vitesse du courant, des cailloux roulés, du sable ou de l'argile; l'ensemble de ces dépôts forme les alluvions; les cours d'eau forment des dépôts quand ils débouchent dans les lacs, et de plus importants encore quand ils débouchent dans la mer (barres, deltas).
Eau d'infiltration :	L'eau d'infiltration altère profondément les roches dans leur profondeur surtout par une action chimique, creuse dans le sous-sol des tunnels, des cavernes ou des grottes.	L'eau d'infiltration peut former divers dépôts dans les creux souterrains (stalactites et stalagmites dans les grottes calcaires) et entraîne dans les mers les substances dissoutes qui viennent y produire des dépôts.
Mer :	La mer a une action destructive puissante sur les côtes, par le mouvement des vagues et par les marées, détruit mécaniquement et chimiquement les roches de toutes sortes, produit ainsi les écueils, les falaises, les rochers des côtes marines. Les courants marins de surface contribuent à cette action quand ils rencontrent une côte; les courants marins profonds peuvent aussi creuser et déformer le fond des mers.	La mer forme les dépôts les plus importants et les plus considérables en épaisseur; ces dépôts s'étendent sur plus des trois quarts de la surface du globe, constituant de nouvelles roches siliceuses, calcaires, argileuses (parfois salines dans les parties où l'eau des marais salants produits par la mer s'évapore). Les coquilles, les carapaces, les débris de polypes et autres animaux marins contribuent à ces formations. Sur les côtes, la mer dépose des bancs de galets, du sable ou de l'argile.
Glaces :	L'eau en se gelant dans les fissures des roches les désagrège (pierres gélives). Les glaciers des montagnes en descendant lentement, polissent les roches et les marquent de stries, enlèvent des blocs de rochers, corrodent le fond de la vallée, en détachant des cailloux arrondis, en transformant les roches en sable et en limon.	L'action de la gelée produit les éboulis qu'on trouve au pied des escarpements des montagnes. Les glaciers forment des moraines (moraines latérales, frontales, médianes; moraines de fond) et les alluvions glaciaires.
Sources thermales :	L'eau chaude des sources thermales dissout les substances contenues dans les roches, à de grandes profondeurs.	Les sources thermales peuvent former des dépôts à la surface du sol (calcaires, silice des geysers) ou dans les fissures des roches (filons).
Volcans :	Les infiltrations de l'eau des mers agissent probablement sur les parties profondes des roches qui sont à une température élevée; il se produit des réactions chimiques très intenses. Les roches fondues sont rejetées au dehors ainsi que des fragments de roches solides ou solidifiées (éruption.)	Les laves et les pierres rejetées par un volcan forment, en s'accumulant, le cratère du volcan; elles fendent ensuite ce cratère dans les éruptions successives et s'épandent sur une grande étendue à la surface du sol où elles constituent d'importants dépôts de roches cristallines nouvelles.
Tremblements de terre et mouvements brusques du sol :	Les tremblements de terre disloquent le sol, produisent des fissures et font écrouler les roches.	Les tremblements de terre peuvent former des dépôts de débris éboulés, et les mouvements brusques du sol peuvent faire émerger une nouvelle partie continentale.
Mouvements lents du sol :	Les mouvements lents du sol modifient incessamment la limite entre les continents et les mers, et peuvent contribuer aussi à modifier le mode de destruction d'un terrain.	Les mouvements lents du sol peuvent former de nouvelles parties continentales, peuvent changer l'altitude relative des diverses régions et contribuer à la formation des chaînes de montagnes.

III

FORMATION DES TERRAINS ANCIENS

CHAPITRE IX

LES TERRAINS SÉDIMENTAIRES ET NON SÉDIMENTAIRES

72. Sédiments. — On a vu que les dépôts formés au fond des eaux, dans les fleuves, dans les lacs ou dans la mer se superposent en couches placées les unes au-dessus des autres. Si l'on considère une région peu étendue où de semblables couches sont déposées, on observe qu'elles sont à peu près horizontales et parallèles les unes aux autres. Ces couches sont appelées des *sédiments*. On dit que les eaux forment des *dépôts sédimentaires*.

73. Terrains sédimentaires. — Lorsqu'on creuse un puits profond dans une vallée, il arrive ordinairement qu'on retire successivement du sol des roches différentes. D'abord, ce sera, par exemple, une roche argileuse; puis, pour creuser le puits plus profondément, il faudra percer une couche calcaire; plus bas ce sera une couche de marne, puis une couche d'argile. Or, si l'on examine avec soin la disposition de ces dépôts superposés qui forment le sol, on voit qu'ils sont placés les uns sur les autres en couches parallèles et presque horizontales. Ces terrains dans lesquels on a foré le puits sont donc disposés comme les sédiments qu'on voit formés par les eaux. On dit que ce sont des *terrains sédimentaires*.

Une tranchée de chemin de fer, le bord d'un chemin creux,

une carrière qui entame un coteau, peuvent montrer bien souvent des terrains ainsi disposés par couches superposées et parallèles; on dit alors que les terrains qui forment le sol en ces endroits sont des terrains sédimentaires.

Dans une carrière où l'on exploite à la fois l'argile à la base

Fig. 66. — Exemple de terrains sédimentaires : Carrière près de Paris. Les roches d'argile sont celles qui sont situées au bas de la carrière; au-dessus, on exploite le calcaire grossier.

et le calcaire grossier à la partie supérieure, comme à Meudon près de Paris, par exemple (fig. 66), nous verrons très facilement la limite des deux roches ; au-dessus de l'argile, le calcaire grossier avec lequel on fait des pierres de taille est formé de bancs presque horizontaux, parallèles, superposés les uns au autres.

Montons encore plus haut : là, nous rencontrerons des carrières de sable (fig. 67). Les premières couches de sable sont superposées aux bancs de calcaire grossier. Regardons la tranchée d'une de ces carrières de sable : nous verrons des bandes presque horizontales, diversement colorées, plus ou moins jaunes ou rougeâtres, qui montrent nettement que ces sables sont constitués comme les dépôts de sable que nous avons vus se former par couches successives sur les plages au bord de la mer.

Nous pourrions faire la même observation pour les couches de meulière qu'on exploite au-dessus du sable.

En montant sur le coteau, par d'autres chemins que celui que

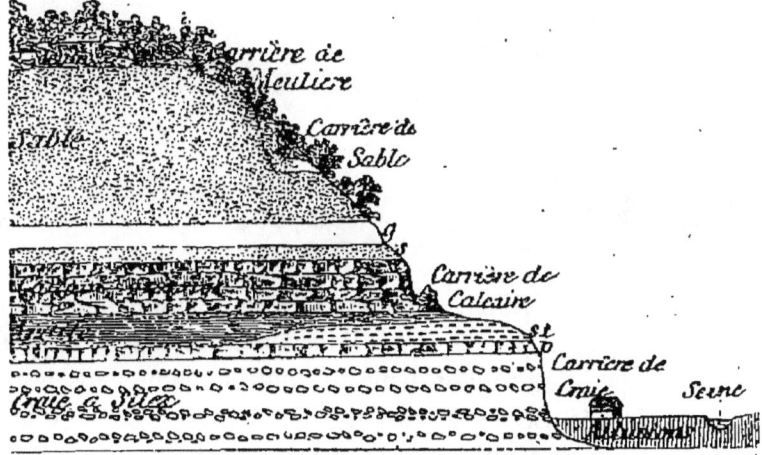

Fig. 67. — Coupe du coteau de Meudon, près de Paris : *g*, pierre à plâtre; *s*, sable; *st*, marne; *p*, calcaire.

nous avions suivi, nous rencontrons encore la même suite de couches de terrains, disposées dans le même ordre.

Nous pouvons donc dire que le coteau tout entier est formé de couches de terrains successives, de nature différente : ce sont des terrains de craie, d'argile, de calcaire grossier, be sable, de meulière, déposés les uns au-dessus des autres comme les dépôts sédimentaires que nous avons vus se former dans les eaux; par suite, nous pouvons représenter la coupe du coteau tout entier comme dans la figure 67.

74. Comment se sont formés les terrains sédimentaires. — Si l'on examine les terrains situés dans une vallée, en une région qui n'est jamais recouverte par les eaux, on peut y trouver des terrains (en *d, d*, par exemple fig. 68), qui ressemblent tout à fait à ceux qui forment les alluvions actuelles (en *a*, fig. 68) c'est-à-dire aux dépôts que les fleuves forment maintenant.

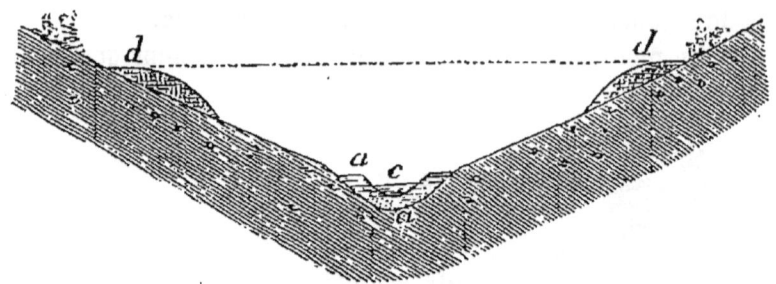

Fig. 68. — Coupe d'une vallée où l'on voit les alluvions *a* déposées actuellement par le cours d'eau *c* et les dépôts analogues *dd*, à un niveau qui n'est jamais recouvert actuellement par les eaux.

Il est donc évident que ces terrains sédimentaires ont été formés autrefois par les eaux. Mais comment se sont déposées les couches parallèles qu'on peut rencontrer même dans le sol d'un coteau élevé ? Ces couches s'étendent souvent sur une immense étendue, on ne peut supposer que ce sont les anciennes alluvions d'un fleuve.

On va voir que tous les terrains sédimentaires, même ceux qu'on trouve au sommet des coteaux ou dans les montagnes, ont été formés par les eaux, et surtout par les eaux de la mer.

75. Les fossiles caractérisent les terrains sédimentaires. — Pour se rendre compte de ce fait important, il faut chercher les preuves de l'origine des terrains sédimentaires. La disposition des couches parallèles les unes aux autres ne suffit pas pour démontrer que ces terrains ont été déposés par les eaux.

Dans les sédiments qui se forment aujourd'hui au fond de la mer, des lacs ou des fleuves, beaucoup d'animaux et de végétaux laissent leur trace dans le sol. Ou bien certaines parties de leur organisme restent enfouies au milieu des dépôts, ou bien l'empreinte de leur corps sur la vase est conservée et fixée par la solidification de la roche. Ces parties d'animaux et de végétaux, conservées dans les sédiments, où ils peuvent subir plus tard certaines modifications, constituent ce qu'on nomme des *fossiles*.

Si un lac vient à se dessécher, si un fleuve se déplace, les dépôts formés dans ce lac ou dans ce fleuve, se trouveront à la surface du sol; par les débris d'animaux ou de végétaux qu'ils renferment ainsi que par leur disposition, on pourra reconnaître que ce sont des dépôts sédimentaires.

Il en est de même pour les dépôts formés successivement au fond des mers. Nous avons vu que la limite des continents et des mers change continuellement (§ 71) par suite des mouvements lents du sol. Quand la mer se retire en un endroit donné, le fond de la mer émergeant devient continental et se trouve plus élevé que les fonds marins qui restent sous les eaux. De nombreux animaux marins, des végétaux comme les algues marines, y auront laissé leurs coquilles, leur carapace, leurs os ou l'empreinte de leur corps : ce seront des *fossiles marins* tandis que ceux formés par les lacs ou les fleuves sont des *fossiles d'eau douce*. La nature de ces fossiles et la disposition des roches par couches nous indiqueront que les terrains observés sont sédimentaires et nous feront voir de plus s'ils ont été formés par des sédiments marins ou par des sédiments d'eau douce.

En résumé, la présence de fossiles et la disposition des roches par couches successives caractérisent les terrains sédimentaires ou terrains formés par les eaux. Les mouvements lents du sol tels que ceux que nous observons actuellement, et qui ont dû se produire autrefois, permettent d'expliquer comment on peut trouver des dépôts sédimentaires là où il n'y a plus d'eau actuellement, et comment on peut rencontrer des dépôts marins qui sont maintenant élevés au-dessus du niveau des mers.

76. Sédiments d'eau douce et sédiments marins. — Les animaux et les végétaux qui vivent sur les continents, soit dans l'air à la surface du sol, soit dans l'eau des rivières ou des lacs, appartiennent à des espèces très différentes de celles des animaux ou des végétaux qui vivent dans la mer.

On a étudié avec soin et classé tous ces êtres, de telle sorte qu'on sait facilement reconnaître, par exemple, si un poisson est d'eau douce ou d'eau marine, si un mollusque est de ceux qui habitent les lacs ou appartient à une espèce qui vit dans la mer.

Il s'ensuit que la plupart des terrains sédimentaires peuvent être divisés en deux catégories suivant les fossiles qu'ils renferment ; les premiers ne contiennent que des débris d'animaux et de végétaux d'eau douce, et aussi d'êtres terrestres qui ont pu être entraînés dans les lacs ou les rivières. Ces dépôts sont les *sédiments d'eau douce*; ils ont été formés sur des continents.

Les seconds terrains contiennent des débris ou des empreintes

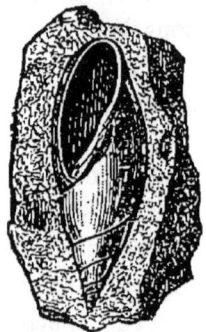 

Fig. 69. — Un morceau de roche sédimentaire d'eau douce avec une coquille fossile de Lymnée.

Fig. 70. — Lymnée, mollusque d'eau douce actuellement vivant, comparable à la Lymnée fossile de la fig. 69.

d'animaux ou de végétaux vivant dans les mers ; ces dépôts sont des *sédiments marins*; ils ont été formés au fond des mers.

77. Fossiles formés dans les eaux douces. — Si l'on ne trouve dans des terrains que des fossiles d'animaux qui vivent actuellement dans les lacs ou dans les rivières, sans mélange avec des fossiles marins, on pourra affirmer que l'on a affaire à des sédiments d'eau douce.

Par exemple, les mollusques du genre de ceux qu'on trouve actuellement dans les rivières ou les lacs, tels que les lymnées (fig. 70), auront souvent laissé leurs coquilles dans les dépôts sédimentaires et serviront à indiquer les sédiments d'eau douce (fig. 69).

Il en sera de même des empreintes végétales (fig. 71) où des fragments de bois, de graines, de fruits et de fleurs fossilisées.

C'est ainsi que si l'on étudie les terrains qui forment le coteau représenté par la figure 67, on peut y reconnaître que deux de ces dépôts ont été formés par les eaux douces : la meulière,

Fig. 71. — Empreinte d'une feuille de saule sur un morceau d'argile.

à cause des lymnées qu'on y rencontre, l'argile, à cause des empreintes de végétaux terrestres qu'on y trouve.

78. Fossiles formés dans les eaux marines. — Les dépôts marins, qui sont de beaucoup les plus abondants, sont ordinairement aussi ceux qui renferment le plus de fossiles.

La nature des os d'animaux supérieurs qu'on peut y trouver indique des animaux adaptés à la vie aquatique, dont les membres sont ordinairement tranformés en nageoires, que ce soient des mammifères comme des baleines actuelles, des reptiles ou plus souvent encore des poissons marins ; mais les fossiles les plus communs sont des coquilles de mollusques plus ou moins analogues à celles qu'on trouve maintenant sur le bord de la mer.

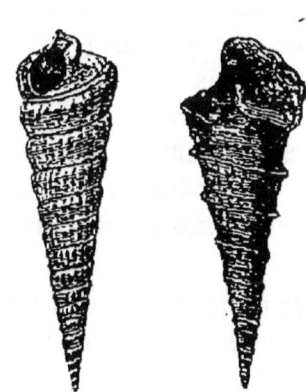

Fig. 72. — Coquilles de cérithes (mollusques marins).

Ainsi des coquilles de cérithes, telles que celles que représente la figure 72, indiquent que la roche qui les renferme appartient à un dépôt marin, car les cérithes qui vivent actuellement sont des mollusques marins.

En prenant pour exemple le même terrain, nous pouvons déterminer de la même manière la nature marine des sédiments que représentent la figure 67 : on trouve des coquilles de mollusques marins, et entre autres des cérithes, dans le sable et dans le calcaire grossier; la craie renferme d'autres coquilles marines. Donc ces trois dépôts ont été formés dans les eaux de la mer.

79. Superposition des différents sédiments. — La considération des mouvements lents du sol jointe à l'étude des fossiles nous permet de comprendre comment des terrains sédimentaires différents ont pu se superposer les uns aux autres.

Considérons une région déterminée, telle que la région de Meudon, près de Paris, où se trouve le coteau qui est représenté par la figure 67.

On doit admettre qu'au moment où la craie se déposait, la partie du globe sur laquelle s'opérait ce dépôt était au fond de la mer, puisque la craie est un dépôt marin; on peut même affirmer qu'il se produisait au fond d'une mer profonde, car la plupart des fossiles qu'on trouve dans la craie sont des débris d'animaux analogues à ceux que l'on rencontre de nos jours dans les mers profondes. (Un dépôt assez semblable à la craie et contenant des formes comparables se produit en effet en certains points de l'Océan atlantique, sur le passage du courant marin appelé Gulf-Stream.)

Puis, le terrain a dû être exhaussé par un mouvement du sol, et la terminaison brusque de la craie à sa partie supérieure, ainsi que son altération, indiquent bien que Meudon a passé ensuite par une période continentale, pendant laquelle il ne s'est pas formé de dépôts sédimentaires importants.

Le dépôt d'argile de ce coteau se rapporte à une époque postérieure, puisque ce dépôt est *au-dessus* de la craie; la nature de ses fossiles montre qu'il a été formé par les eaux douces; le sol de Meudon s'était donc enfoncé de nouveau, mais bien moins qu'à l'époque de la craie; il formait sans doute comme le fond de l'estuaire d'un grand fleuve où se sont fossilisés, dans la vase, des débris de végétaux terrestres, des coquilles d'eau douce, etc.

Le dépôt considérable de calcaire grossier situé au-dessus correspond à une époque plus récente, et comme on trouve dans ce calcaire une quantité de coquilles d'animaux marins vivant sur le littoral ou dans les mers peu profondes, on doit en conclure que le sol de Meudon constituait à cette époque le fond d'un golfe marin peu profond. La partie correspondant au sable est analogue, mais la nature des sédiments avait changé; les coquilles sont cependant assez semblables aux précédentes et indiquent encore un dépôt de mer peu profonde; enfin, la meulière correspond à un dépôt lacustre. Le sol de Meudon a ensuite émergé de nouveau complètement et est resté continental jusqu'à l'époque actuelle.

80. Déformation des dépôts sédimentaires. — Nous avons vu que les mouvements du sol, lents ou brusques, n'ont pas toujours lieu exactement de bas en haut ou de haut en bas, mais peuvent aussi se produire latéralement. Si une compression s'opère sur les côtés, des terrains sédimentaires primitivement horizontaux se trouveront plissés, comme cela s'observe souvent dans les pays de montagne, dans le Jura, par exemple (fig. 73).

Fig. 73. — A, B, C, D, couches sédimentaires plissées, dans les montagnes du Jura.

On peut s'expliquer cette disposition de la manière suivante. Considérons un certain nombre de couches séparées horizontalement comme tous les sédiments que nous voyons se former actuellement (fig. 74). Si ces couches ont été pressées des deux côtés elles auront pris l'aspect que représente la figure 75. C'est ce qu'on verrait aussi en pressant avec deux planches des carrés d'étoffes de diverses couleurs superposées en pile sur laquelle on aurait posé une planche pesante. Les couches de terrains ainsi pressées sont soumises à l'action destructive de l'eau qui en emporte une partie et accentue les vallées et les montagnes

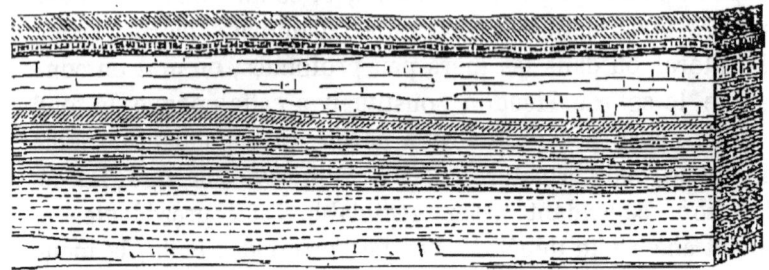

Fig. 74. — Couches de terrains déposées horizontalement.

comme l'indique la figure 76. La section des vallées d'érosion est alors en forme de V au lieu d'être en forme d'U et les arêtes des sommets sont plus découpées.

Les mouvements du sol peuvent encore produire d'autres effets. C'est ainsi que dans les tremblements de terre on remarque sou-

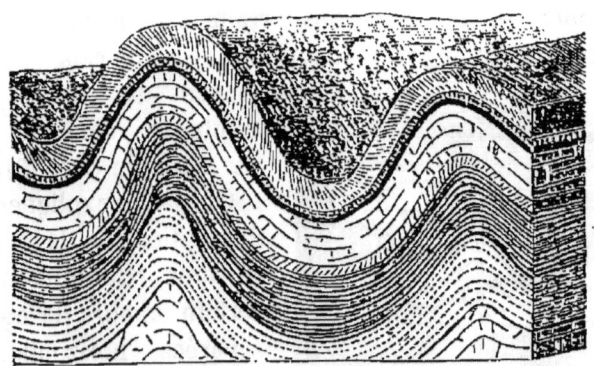

Fig. 75. — Les mêmes couches que figure 74, plissées par des pressions latérales.

vent une série de terrains qui ont glissé en se déplaçant contre une autre partie de la même série restée en place. On dit alors qu'il s'est produit une *faille*. La figure 77 représente une faille; on voit que la partie A', B', C', D', E' des couches sédimentaires a glissé en descendant par rapport aux parties A, B, C, D, E, des mêmes couches restées en place. Les mouvements lents du sol peuvent aussi donner naissance à des failles.

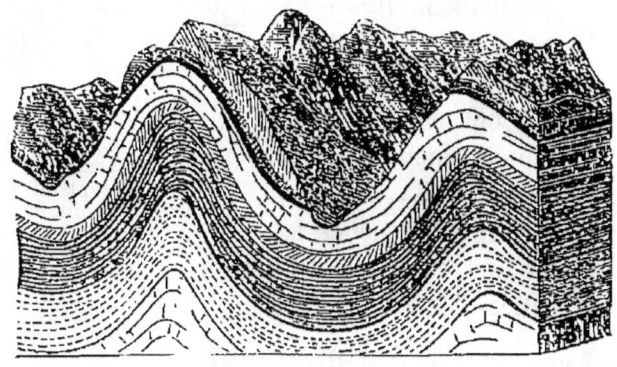

Fig. 76. — Les mêmes couches que figure 75, ayant subi l'érosion par l'action des eaux, et formant des montagnes et des vallées.

Ainsi peut s'expliquer l'apparence qu'offrent certains terrains sédimentaires, comme ceux que représente la figure 78. Une

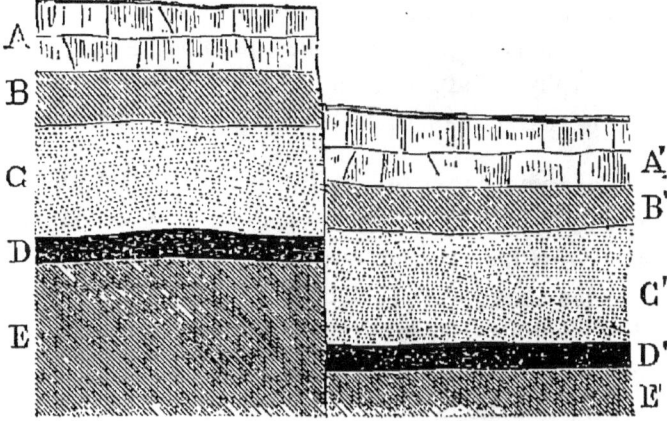

Fig. 77. — Faille : La partie A', B', C', D', E', s'est déplacée par rapport à la partie A, B, C, D, E, restée fixe.

série de failles a disloqué les couches qui étaient précédemment horizontales et en continuité les unes avec les autres. L'aspect de la coupe des terrains, leur épaisseur relative, la nature des fossiles qu'ils renferment ne permettent pas d'admettre une autre explication de cette dislocation des couches.

Dans d'autres cas les terrains sédimentaires peuvent offrir l'aspect que représente la figure 84 (p. 104). Les couches A, B, C, D, E, F, G, H, I, d'abord disposées horizontalement, ont été inclinées par suite des mouvements du sol; puis, au-dessus d'elles, se sont déposées plus tard les couches 1, 2, 3, 4, 5; le tout a été ensuite raviné par les eaux qui ont creusé une vallée d'érosion.

Fig. 78. — Terrains sédimentaires déformés par des failles; la couche figurée en noir, par exemple, était primitivement continue et horizontale.

§ 1. Terrains non sédimentaires. —
Il y a des roches telles que la roche R (sur la coupe de terrains que représente la figure 64, p. 79) qui ne sont pas disposées en couches stratifiées. Ces roches ne renferment, en général, aucun fossile et sont le plus souvent composées de petits cristaux; elles n'ont pas le caractère des dépôts formés par les eaux. Elles forment donc des terrains *non sédimentaires*. Parmi les roches que nous avons étudiées, le granit, le porphyre, le basalte, les laves, etc., sont des roches qui présentent ces caractères. Cherchons quelle peut être leur origine.

§ 2. Volcans éteints. —
En examinant les phénomènes volcaniques (§§ 60 à 69), nous avons vu que certaines roches pouvaient avoir une origine tout autre que celle des roches formées dans les eaux: elles sortent en fusion du fond de la terre. Ces roches produites par les éruptions volcaniques sont appelées *roches éruptives*.

Supposons que nous allions en Auvergne, aux environs de Clermont-Ferrand. Montons sur la montagne qu'on appelle le Puy Pariou: nous reconnaîtrons qu'elle a la forme d'un cône dont la pointe aurait été enlevée; telle est la forme des montagnes que représentent la figure 79. Quand nous aurons atteint la partie la plus haute, nous verrons que le sommet y est creusé en forme de cratère. En redescendant, examinons les roches qui sont autour; nous en trouverons beaucoup qui sont remplies de bulles; regardons-les de plus près, nous y verrons de petits cristaux : ce sont des laves. Plus loin, nous trouverons une masse de fragments analogues à des morceaux de lave et qui nous rappellent les scories, les lapilli ou les cendres volcaniques. Nous pourrons même reconnaître parfois des bombes volcaniques (fig. 79 *bis*) tout à fait analogues à celles que nous avons vues sur le Vésuve.

Un grand nombre de montagnes voisines, toutes celles qu'on

Fig. 79. — Les Puys de l'Auvergne (volcans éteints).

appelle *Puys*, dans le pays, nous présenteront une forme analogue et nous pourrons y reconnaître des coulées de lave.

Cependant, nous n'apercevons jamais aucune fumée au sommet de ces Puys de l'Auvergne. Jamais aucun d'eux n'entre en éruption comme un volcan.

Les cratères de ces montagnes sont tantôt parfaitement en forme de cuvette régulière, comme au Puy Pariou, tantôt plus ou moins déformés (fig. 79).

Quelquefois ce cratère a été plus ou moins comblé par la

TERRAINS SÉDIMENTAIRES ET NON SÉDIMENTAIRES   99

lave (comme au Puy de Dôme); ou bien, lorsque les laves qui constituent le cratère ne sont pas perméables à l'eau, les eaux des pluies ont rempli la cuvette du cratère : tel est le lac Pavin en Auvergne (fig. 80).

Que devons-nous conclure de ces observations, si nous les rapprochons de celles que nous avons faites en visitant les environs du Vésuve ?

Nous avons rencontré en Auvergne des cônes volcaniques avec leurs cratères, nous avons pu suivre la trace des laves, y constater la présence de dépôts de cendres volcaniques. En somme, sauf l'éruption et la sortie des

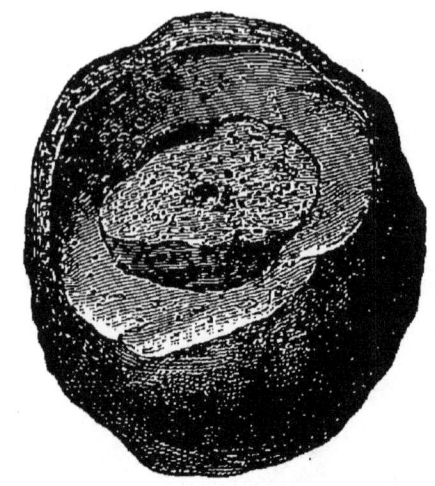

Fig. 79 *bis*. — Bombe volcanique, brisée pour en montrer le noyau.

Fig. 80. — Le lac Pavin, dans le cratère d'un volcan éteint, en Auvergne.

vapeurs par les cratères, nous avons trouvé en ce pays tout ce qui caractérise les terrains dans le voisinage du Vésuve.

Fig. 81. — Atoll, îlot de l'Océan Pacifique, en forme d'anneau.

Nous sommes donc amenés à reconnaître d'une façon évidente que les Puys de l'Auvergne sont des *volcans éteints*; qu'il y a eu autrefois dans cette contrée de nombreuses éruptions, mais qu'aujourd'hui tout phénomène volcanique a cessé.

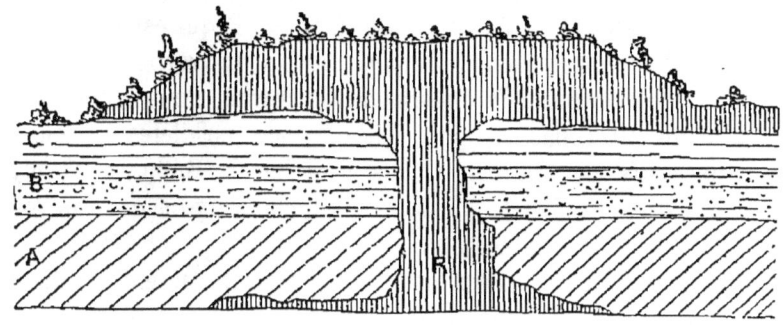

Fig. 82. — Coupe de terrains de sédiments A, B, C, traversés par une roche R qui n'est pas sédimentaire.

On rencontre en grand nombre dans l'océan Pacifique de singuliers récifs, le plus souvent en forme d'anneau (fig. 81) et constitués par des débris de polypiers nommés *atolls*. On a reconnu par des sondages que la roche sous-marine qui les porte est analogue aux laves et que la partie sous-marine située au centre de l'anneau est en forme de cuvette. Un atoll est donc un volcan éteint dont le cratère a été rasé par les flots; mais les bords du cratère sont encore marqués par les madrépores qui y ont pris un point d'appui et y accumulent leurs polypiers.

83. Ressemblances des terrains non sédimentaires avec ceux que forment les volcans. — Toutes les roches dont nous venons de parler ont une composition analogue à celles que le Vésuve rejette au dehors de son cratère. Nous ne les avons pas vues sortir de terre comme celles des volcans actuels, mais leur composition et la disposition que présente le pays où elles se trouvent nous forcent à admettre qu'elles ont eu la même origine. Elles n'ont pas été formées par des dépôts produits au milieu des eaux; ce ne sont pas des roches sédimentaires. Ces roches sont sorties de la terre à l'état de fusion, comme les laves actuelles.

Revenons à la tranchée de terrain dont nous avons parlé plus haut (fig. 82), et demandons-nous maintenant si l'on ne pourrait pas s'expliquer comment se sont formés les roches qu'on y aperçoit.

Si nous prenons un fragment de la roche R qui est intercalée au milieu des autres roches A, B, C, nous y trouverons de petits cristaux; en regardant la masse qui la forme, nous remarquerons qu'elle n'est pas composée de couches parallèles en feuillets successifs, comme les roches A, B et C. Enfin, nous n'y trouverons aucun fossile animal ou végétal, tandis que les roches A, B et C en renferment.

Cette roche R, qui n'est pas sédimentaire, ressemble donc beaucoup aux roches volcaniques.

Nous sommes ainsi amenés à rapprocher des roches volcaniques que nous voyons se former actuellement, toutes les roches qui ne sont pas sédimentaires. Dès lors, dans la tranchée que nous étudions (fig. 82), les couches A, B et C ayant été déposées au milieu des eaux, nous pouvons comprendre que c'est après leurs formations successives que la roche R a fait éruption au milieu d'elles, pour venir à leur surface.

Les roches éruptives qui ont ainsi rempli les fissures qui se trouvent dans les roches sédimentaires, constituent ce qu'on nomme des *filons de roches*.

84. Filons métallifères. — Les sources thermales déposent lentement dans les fissures des roches qu'elles traversent

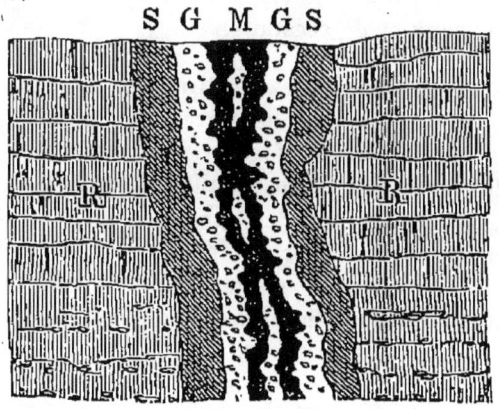

Fig. 83. — Filon métallique : S, couche argileuse ; G, gangue ; M, minerai ; R, roche qui entoure le filon.

des matières minérales qui incrustent peu à peu ces fissures et finissent par les remplir complètement.

On trouve à l'intérieur du sol, surtout dans les contrées où les terrains ont été déformés et disloqués, des fissures remplies de dépôts minéraux disposés régulièrement (fig. 83) ; on les nomme *filons métallifères*. Ces filons renferment un *minerai* métallique M situé au milieu de dépôts pierreux appelés *gangue* G ; la gangue est elle-même en général séparée de la roche R où se trouve le filon par une couche argileuse S. La disposition de ces substances dans le filon rappelle celle des dépôts que forment les sources thermales. Les filons métallifères ont dû être formés par une source thermale qui a parcouru la fissure en y déposant autrefois le minerai.

Lorsqu'on exploite les filons, une première opération consiste à séparer le minerai de sa gangue : le minerai étant isolé, on en retire le métal par des procédés chimiques.

RÉSUMÉ

Terrains sédimentaires. — Les *terrains sédimentaires* sont les terrains qui se forment ou qui ont été formés par les eaux. Leur caractère principal est d'être constitué par des couches superposées qui représentent la succession des dépôts formés. Très souvent, ils renferment des *fossiles*, c'est-à-dire des restes ou des empreintes d'animaux et de végétaux.

Sédiments d'eau douce et sédiments marins. — La nature des fossiles que renferment les terrains de sédiment peut servir à savoir si ces terrains ont été formés par la mer ou par les eaux douces. Il suffit pour cela de reconnaître si les fossiles qu'ils contiennent se rapportent soit à des êtres marins, soit à des êtres terrestres ou d'eau douce. C'est ainsi qu'un dépôt renfermant des coquilles fossiles de cérithes est un dépôt marin, tandis qu'un dépôt qui contient des coquilles fossiles de lymnées est un dépôt d'eau douce.

Terrains non sédimentaires. — Il y a des terrains qui n'ont pas les caractères des terrains sédimentaires ; ils ne sont pas disposés comme les précédents en couches superposées parallèles ; on n'y rencontre jamais de fossiles ; ils sont composés de roches qui renferment ordinairement de petits cristaux. Ce sont les terrains *non sédimentaires*; tels sont les terrains composés de granit, de porphyre, de basalte, de laves, etc. Leur origine est éruptive. Les terrains non sédimentaires qui se forment actuellement sont produits par les volcans.

Les *filons métalliques* qu'on trouve dans beaucoup de roches en certaines contrées, sont analogues aux dépôts actuels, que les sources thermales forment dans les fissures. On y distingue le minerai entouré par la gangue.

CHAPITRE X

AGE RELATIF DES TERRAINS

85. Superposition des terrains sédimentaires. —
Nous avons vu que l'ordre de superposition des couches sédimentaires indique leur âge relatif. Il est parfaitement évident que *si une couche de terrain en recouvre une autre sur une grande étendue, c'est qu'elle est plus récente que la couche située en dessous*. A moins de dislocation et de retournement local des couches, à moins de plissements considérables, qui sont toujours reconnaissables, l'application de ce principe permet de déterminer l'âge relatif des couches d'une localité.

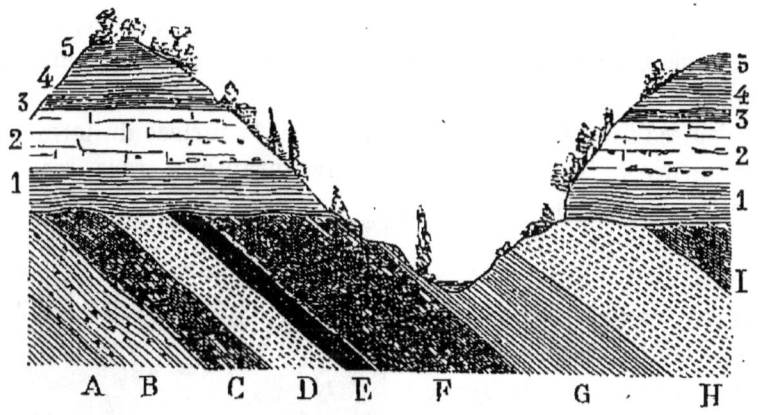

Fig. 84. — Exemple de coupe d'une vallée : A, B, C, D, E. F, G, H, I, terrains sédimentaires déposés successivement puis inclinés par un mouvement du sol; 1, 2, 3, 4, 5, terrains sédimentaires déposés successivement ensuite par dessus les précédents.

Si, par exemple, la coupe d'une vallée présente l'aspect de la figure 84, nous dirons que la couche sédimentaire A est plus ancienne que la couche B, celle-ci que C ; puis viendraient les couches de plus en plus récentes D, E, F, G, H, I. Après le dépôt de la couche I, les mouvements du sol ont incliné toutes les couches déjà déposées ; puis il s'est formé au-dessus successivement les terrains sédimentaires plus récents 1, 2, 3, 4, 5.

86. Interruption dans la suite des dépôts sédimentaires. — Par suite des mouvements du sol, une certaine région a pu se trouver tantôt au fond de la mer, tantôt au fond d'un lac, tantôt continentale. C'est ce que nous avons vu clairement en observant la colline de Meudon (fig. 67).

Il suit de là que la série des dépôts sédimentaires superposés n'est jamais continue. Il y des *interruptions de dépôts*, qui correspondent, en général, aux périodes où la localité considérée était émergée et exposée au contact de l'atmosphère. On peut souvent s'apercevoir de ces interruptions dans la suite des sédiments, grâce à certains caractères : la partie supérieure d'un dépôt est altérée et comme usée par son contact avec l'atmosphère ; c'est ainsi que nous avons vu la craie blanche corrodée à sa partie supérieure à Meudon (fig. 67) ; c'est l'indice qu'à la période marine, correspondant au dépôt crayeux, a succédé une période continentale correspondant à une absence de dépôt.

D'autres fois, si en devenant émergée, la surface du terrain a été amenée à être littorale, on le reconnaît aux trous creusés dans les roches par certains mollusques qui vivent seulement au bord de la mer, tels que les pholades (fig. 84 *bis*) ; ces mollusques perforants laissent dans la roche des trous caractéristiques, indiquant qu'à l'époque qui correspond au dépôt de cette roche, la localité étudiée se trouvait exactement au bord de la mer.

Fig. 84 *bis*. — Pholades (Mollusques) perforant les roches, au bord de la mer.

87. Fossiles caractéristiques. — Nous venons de voir

comment on peut déterminer l'âge relatif des couches sédimentaires en un endroit donné. Mais la difficulté de cette détermination devient très grande si l'on a affaire à des terrains qui se trouvent dans des pays éloignés les uns des autres.

Parfois le problème est assez simple. S'il s'agit, par exemple, de déterminer la concordance entre les terrains qui se trouvent

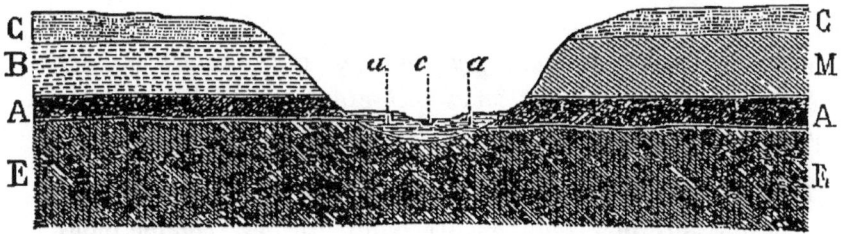

Fig. 85. — Coupe d'une vallée entre des terrains différents : *c*, cours d'eau ; *a*, alluvions ; B, couche différente de M, mais de même âge, car elle est comprise entre les mêmes couches A, A, C, C, E, terrain formant le sous-sol.

des deux côtés d'une vallée (fig. 84), on trouvera souvent que des couches 1, 2, 3, 4, dont le groupe est le plus ancien, se répètent exactement avec les mêmes caractères et la même épaisseur relative des deux côtés du fleuve. Leur correspondance et leur synchronisme sont alors évidents. Mais s'il arrive que la couche B, par exemple (fig. 85), présente sur la rive droite du fleuve en M des caractères différents de ceux qu'elle présente sur la rive gauche, pourra-t-on dire qu'elle s'est déposée à la même époque des deux côtés ? Oui, si la couche A A, plus ancienne, et la couche C C, plus récente, entre lesquelles elle est comprise, se répètent des deux côtés avec les mêmes caractères.

Les caractères communs les plus importants qui permettent de décider que des couches stratifiées ont été déposées à la même époque ne sont pas ceux empruntés à la nature des roches qui forment le dépôt ; ce sont ceux des fossiles.

On peut constater, en effet, sur les côtes actuelles, que la nature des dépôts (sable, argile, galets) étant très variée, on y voit certaines coquilles qui s'y accumulent indifféremment au milieu de ces divers sédiments, et cela à la même époque, puisqu'il s'agit de l'époque actuelle.

Les espèces de fossiles qui se déposent ainsi dans tous les terrains à la fois à une époque donnée sont appelées *fossiles caractéristiques.*

Par de nombreuses et longues comparaisons entre les superpositions des couches et par une étude attentive des fossiles, on est arrivé à conclure que chaque période géologique était caractérisée par un certain nombre d'animaux et de végétaux, et on a admis ce second principe : *Les couches qui renferment les mêmes fossiles caractéristiques ont été déposées à la même époque.*

88. Age relatif des terrains non sédimentaires.
— Les terrains non sédimentaires sont formés, comme nous l'avons vu, par des roches éruptives qui ne contiennent pas de fossiles et qui ne se déposent pas en couches stratifiées ; ni l'un ni l'autre des deux principes précédents ne pourra donc nous servir pour déterminer leur âge relatif.

Lorsqu'une roche éruptive traverse des couches sédimentaires en y formant des filons de roches ou en venant s'étaler au-dessus, nous devons en conclure que cette roche est venue à la surface après la roche sédimentaire. C'est ainsi que l'éruption de la roche R (fig. 82) est postérieure au dépôt des roches sédimentaires A, B, C.

Si cette même coupe du sol présentait un dépôt sédimentaire au-dessus de la nappe formée par la roche éruptive, on en conclurait que la roche R est venue au jour avant ce dépôt. Une roche éruptive peut de même traverser une autre roche éruptive ; on en déduit alors que la première est plus récente que la seconde.

Dans d'autres cas très nombreux, les roches éruptives contiennent des fragments d'une autre roche (éruptive ou sédimentaire) entraînés avec elle ; c'est qu'alors elle est postérieure à cette autre roche. C'est ainsi que le basalte peut renfermer des morceaux de granit ; donc l'éruption du basalte est plus récente que celle du granit. Le granit peut, au contraire, renfermer des morceaux de gneiss (§ 29) : donc l'éruption du granit est postérieure au dépôt du gneiss.

En résumé, nous établirons l'âge relatif des terrains non sédimentaires d'après le principe suivant: *Si une roche éruptive traverse d'autres roches ou renferme des fragments d'autres roches, c'est qu'elle est apparue après ces roches à la surface du sol.*

89. Age d'une chaîne de montagnes. — Dans les régions montagneuses le sol est généralement tourmenté, et les dépôts sédimentaires sont disloqués ou plissés. On peut se demander à quelle époque géologique remonte la dernière de ces dislocations de terrains. C'est ce qu'on nomme l'*âge* de la chaîne de

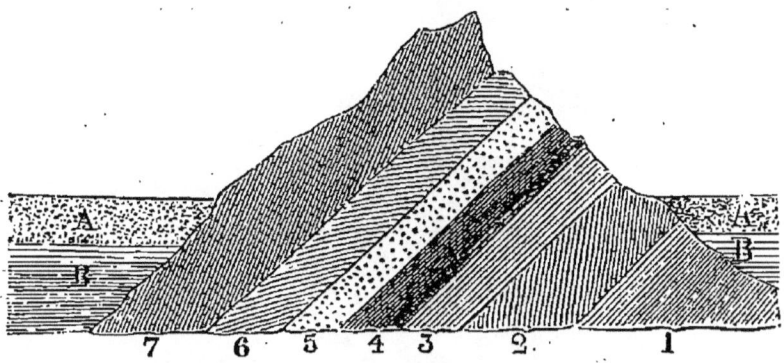

Fig. 86. — Coupe théorique représentant les terrains d'une chaîne de montagnes à couches sédimentaires inclinées 1, 2, 3, 4, 5, 6, 7. La formation de la chaîne de montagnes est antérieure à l'époque du dépôt B.

montagnes. A l'endroit où les pentes 1, 2, 3, 4, 5, 6, 7 (fig. 86) de la chaîne, inclinées, plongent au-dessous d'un terrain très étendu et dont les couches B, A sont restées presque horizontales, il est évident que le dépôt de ce dernier terrain B s'est produit après la dernière dislocation; la chaîne de montagnes s'est donc formée avant le dépôt B.

RÉSUMÉ

Age relatif des terrains sédimentaires. — On peut déterminer l'âge relatif des couches stratifiées d'après les deux principes suivants:

1° Si une couche de terrain en recouvre une autre, elle est plus récente que cette autre;

2° Si une couche de terrain renferme les mêmes fossiles caractéristiques qu'une autre couche de terrain, on admet que ces deux couches ont été déposées à la même époque.

Age relatif des terrains non stratifiés. — On détermine l'âge relatif des terrains non stratifiés, c'est-à-dire des roches éruptives, d'après le principe suivant:

Si une roche éruptive traverse d'autres roches ou renferme des fragments d'autres roches, c'est qu'elle est apparue après ces roches à la surface du sol.

RÉSUMÉ GÉNÉRAL DE LA FORMATION DES TERRAINS

CAUSE de la FORMATION DES TERRAINS	TERRAINS SE FORMANT ACTUELLEMENT	TERRAINS ANCIENS DE MÊME ORIGINE
Pluie, torrents, Cours d'eau, Eau d'infiltration, Glaces.	Alluvions produites par les cours d'eau et sédiments des lacs, fossilisant les animaux et les végétaux d'eau douce. Dépôts dans les cavités du sous-sol. Alluvions glaciaires.	Terrains sédimentaires renfermant des fossiles comparables aux êtres qui vivent actuellement dans les eaux douces. Tufs formés par d'anciennes sources incrustantes. Dépôts formés par les anciens glaciers.
Mer.	Sédiments produits par la mer fossilisant les animaux et les végétaux marins. Dépôts sur le bord de la mer. Bancs de galets, dunes, roches perforées par les pholades.	Terrains sédimentaires renfermant des fossiles comparables aux êtres qui vivent actuellement dans la mer. Terrains sédimentaires littoraux.
Sources thermales et volcans.	Dépôts des sources thermales dans les fissures des roches. Roches volcaniques (non sédimentaires).	Filons métallifères. Terrains non sédimentaires.
Mouvements du sol.	Soulèvements et abaissements lents ou brusques du sol.	Plages soulevées, sédiments marins formant la plus grande partie des continents actuels. Dépôts continentaux recouverts par la mer.

CHAPITRE XI

INTRODUCTION A L'ÉTUDE DES FOSSILES
RÉSUMÉ DE LA CLASSIFICATION DES ANIMAUX ET DES VÉGÉTAUX

90. Comparaison des fossiles avec les animaux et les végétaux actuels. — Lorsqu'on trouve des débris ou des empreintes fossiles, on cherche à quels animaux ou végétaux vivants il est possible de les comparer. Cette recherche, l'étude des fossiles et leur comparaison avec les êtres actuels, constitue la partie de la géologie qu'on nomme *Paléontologie*; la paléontologie exige, on le comprend, une connaissance très grande de tous les animaux actuels (Zoologie) et de toutes les plantes vivant maintenant dans les diverses contrées du globe (Botanique).

On peut, en effet, trouver dans des terrains sédimentaires d'Europe, des débris de squelettes qui ne sont comparables qu'à ceux des animaux qui vivent maintenant en Australie; on peut trouver dans les couches de terrains des environs de Paris, des débris de plantes qui ne croissent actuellement que sous les tropiques.

Il arrive encore que l'espèce fossile, dont on examine les débris, ne correspond à aucun type d'être vivant aujourd'hui; il faut alors, après une étude minutieuse, déterminer entre quels groupes elle est intermédiaire.

Comme la détermination des fossiles est indispensable pour l'étude des diverses époques du globe, il est nécessaire que nous passions en revue rapidement les principaux groupes d'animaux et de végétaux vivants, afin de chercher à classer dans tel ou tel groupe les fossiles que nous rencontrerons au milieu des diverses roches sédimentaires.

91. Résumé de la classification des animaux vivants. — Nous allons d'abord passer en revue les caractères qui servent à grouper les animaux actuels, rapprochant entre eux ceux qui se ressemblent le plus et éloignant les uns des autres ceux qui présentent le plus de différences. C'est ce qu'on appelle *classer* les animaux, et le résultat de ce groupement constitue la *classification*.

En même temps, nous verrons par quels caractères il sera possible de reconnaître qu'un animal fossile appartient à tel ou tel groupe.

92. Vertébrés. — Beaucoup d'animaux ont, comme l'homme, un *squelette* formé d'os à l'intérieur du corps : ce sont les animaux à os.

La partie du squelette qui ne manque chez aucun animal à os, c'est la *colonne vertébrale*, c'est-à-dire la série d'os placés à la suite les uns des autres, du côté du dos. Un chat, une chèvre,

Fig. 87. — Squelette de lapin (Vertébré).

un lapin (fig. 87) ont une colonne vertébrale ; on peut sentir en appuyant la main sur le dos de ces animaux la suite des différentes vertèbres. Lorsqu'on découpe une poule ou un pigeon, on peut y remarquer aussi une colonne vertébrale, qui s'étend depuis la tête jusque sur le dos et la queue. Si l'on considère le squelette d'un lézard, on y trouve également une suite de vertèbres ; un serpent qui n'a pas de membres, une grenouille qui n'a pas de côtes, une perche, ont toujours une colonne vertébrale très facile à observer.

Ainsi, tous les animaux à os ont des vertèbres ; c'est pourquoi on les a réunis dans l'embranchement des *Vertébrés*.

Le chat, le chien, le lapin, la poule, le lézard, le serpent, la grenouille, la perche sont des Vertébrés. D'une manière générale, c'est surtout le squelette des Vertébrés qui est conservé par la fossilisation. L'étude détaillée de ce squelette chez les animaux actuels est donc indispensable au paléontologiste pour comparer les os fossiles avec ceux des vertébrés vivants.

93. Invertébrés. — Si nous coupons une écrevisse, une huître, nous ne leur trouvons pas d'os à l'intérieur ; leur corps est, au contraire, recouvert à l'extérieur de parties dures. Il en serait de même d'une mouche, d'une étoile de mer. D'autres animaux, tels que les limaces, les méduses qui flottent à la surface de la mer sont entièrement mous. Tous ces animaux sont dépourvus de squelette intérieur, et si quelques-uns ont des parties dures à l'intérieur de leur corps, on n'y trouve jamais, en tout cas, de colonne vertébrale.

C'est pourquoi ils ont été appelés *Invertébrés*.

Une mouche, une écrevisse, une huître, une limace sont des animaux Invertébrés.

Les Invertébrés, qui sont entièrement mous, laissent rarement de traces fossiles. Parfois on retrouve leur empreinte ; ce sont surtout ceux qui ont une coquille qu'on peut reconnaître à l'état fossile.

94. Principaux groupes de Vertébrés. — L'embranchement des Vertébrés est le plus important à connaître ; on l'a divisé en cinq classes : *Mammifères, Oiseaux, Reptiles, Batraciens* et *Poissons*. Les caractères de ces cinq classes sont les suivants :

1° *Mammifères*. — Les Vertébrés ordinairement couverts de poils et dont les petits sont allaités par leur mère sont appelés

Mammifères, et nous en formerons une première classe de Vertébrés. On reconnaitra facilement que le chat, le lapin, la chauve-souris et la chèvre appartiennent au groupe des Mammifères.

Il faut distinguer spécialement parmi les Mammifères, le groupe des *Marsupiaux*: ce groupe est très important à considérer en géologie. Chez ces animaux, les petits au lieu d'être allaités à l'air libre par leur mère, sont placés dans une poche située sous le ventre de la mère. On les trouve presque exclusivement en Australie où il existe toute une série de mammifères marsupiaux très variée : les plus connus sont les kanguroos (fig. 88).

Fig. 88. — Kanguroo d'Australie (Mammifère marsupial) ; long. : 1m,10.

On trouve bien rarement dans les roches la trace des poils des Mammifères ; mais l'étude du squelette de ces animaux et surtout la forme de leurs dents, qui sont souvent très bien conservées à l'état fossile, permettent de les caractériser et de les comparer aux mammifères actuels.

2° *Oiseaux*. — Les Vertébrés couverts de plumes et qui pondent des œufs forment la classe des *Oiseaux*. On peut citer la poule, le pigeon, l'hirondelle comme appartenant à cette classe.

On rencontre parfois l'empreinte des plumes des oiseaux, mais c'est encore par leur squelette qu'on les reconnaît le mieux à l'état fossile. On trouve aussi quelquefois l'empreinte de leurs pas.

3° *Reptiles*. — Les Vertébrés dont la peau n'a ni poils, ni plumes, ni écailles qu'on puisse détacher les unes des autres et qui respirent toujours dans l'air forment la classe des *Reptiles*. Un lézard, un serpent, une tortue sont des reptiles.

Non seulement le squelette et les dents, mais la peau durcie des reptiles ou son empreinte, peuvent être trouvés à l'état fossile.

4° *Batraciens.* — On donne le nom de *Batraciens* aux animaux Vertébrés qui, comme la grenouille, changent complètement de forme avec l'âge, qui respirent dans l'eau lorsqu'ils sont jeunes et dans l'air lorsqu'ils sont plus âgés. La grenouille, le crapaud, la salamandre appartiennent à cette quatrième classe des Vertébrés. Leur peau est sans écailles.

Le squelette à côtes peu développées, la comparaison détaillée des os fossiles avec ceux des Batraciens vivants, permettent de les caractériser. On trouve souvent d'ailleurs des animaux fossiles qui paraissent intermédiaires entre les Reptiles et les Batraciens.

5° *Poissons.* — Les Vertébrés qui respirent dans l'eau pendant toute leur vie appartiennent au groupe des *Poissons*. Ils ont le plus souvent le corps revêtu par des écailles qui se recouvrent ordinairement comme les tuiles d'un toit. La carpe, le requin, l'anguille, etc., font partie de cette cinquième classe.

Les écailles des Poissons sont souvent conservées dans les terrains sédimentaires, et fournissent des caractères importants pour déterminer ces animaux. Le squelette et les dents des poissons se retrouvent aussi à l'état fossile.

95. Les Invertébrés forment plusieurs embranchements. — Les animaux Invertébrés sont en très grand nombre, et diffèrent beaucoup plus entre eux que les Vertébrés ne diffèrent les uns des autres. On a donc formé plusieurs embranchements du règne animal parmi les Invertébrés. Ce sont les *Articulés*, les *Mollusques*, les *Rayonnés* et les *Protozoaires*, qui constituent, avec l'embranchement des Vertébrés, les cinq embranchements du règne animal.

96. Articulés *(Arthropodes).* — En considérant une mouche, un ver, il est facile de remarquer que le corps de ces animaux est composé d'articles successifs. Tous les animaux dont le corps est ainsi composé d'articles successifs sont réunis dans l'embranchement des *Articulés*. Parmi les Articulés, on réunit sous le nom d'*Arthropodes* ceux qui ont en outre les pattes divisées en articles. Ce sont :

1° Les *Insectes* (hanneton, mouche), qui ont trois paires de pattes (fig. 89 et 90);

Fig. 89. — Hanneton (Insecte) (grandeur naturelle).

Fig. 90. — Mouche (Insecte); long. : 0^m,015.

2° Les *Arachnides* (araignée, scorpion), qui ont quatre paires de pattes (fig. 91).

 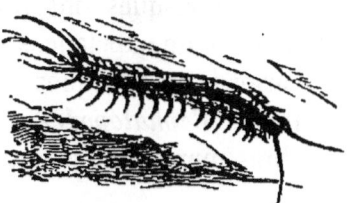

Fig. 91. — Scorpion (Arachnide); long. : 0^m,04.

Fig. 92. — Millepatte (Myriapode); long. : 0^m,02.

3° Les *Myriapodes* (millepatte), qui ont un grand nombre de paires de pattes (fig. 92);

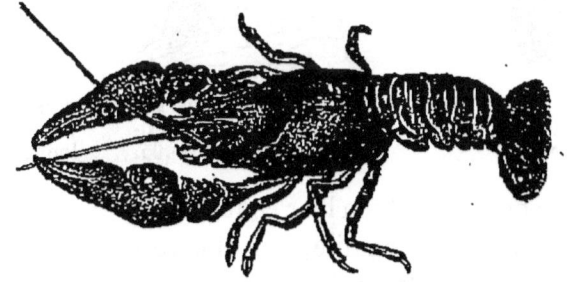

Fig. 93. — Écrevisse (Crustacé); long. : 0^m,12.

4° Les *Crustacés* (écrevisse), qui respirent dans l'eau (fig. 93);

CLASSIFICATION DES ANIMAUX ET DES VÉGÉTAUX   117

La carapace des Insectes, des Arachnides et des Myriapodes peut se retrouver à l'état fossile. Celles des Crustacés, qui est naturellement imprégnée de matières minérales, se fossilise encore plus facilement.

97. Articulés (*Vers*). — Les *Vers* (sangsue, ver de terre) n'ont pas de pattes articulées (fig. 94).

On trouve rarement l'empreinte des vers ; on trouve plus souvent, les trous qu'ils ont percés ou les habitations minérales que se construisent ces animaux.

Fig. 94. — Ver de terre (Ver) ; long. : 0^m,20.

98. Mollusques. — Une seiche, un escargot, une moule sont des animaux invertébrés qui ne sont pas formés d'anneaux successifs. On les réunit dans l'embranchement des *Mollusques*.

Les Mollusques ont presque tous une coquille protectrice, imprégnée de substances minérales.

Parmi les Mollusques nous distinguerons quatre groupes :

1° Les *Céphalopodes* (poulpe, nautile, seiche) (fig. 95) ont les bras munis de suçoirs ; quelquefois ils n'ont pas de coquille

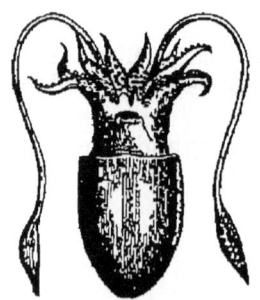  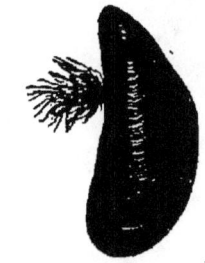

Fig. 95. — Seiche (Mollusque Céphalopode) ; long. : 0^m,20.

Fig. 96. — Escargot (Mollusque Gastéropode) ; long. : 0^m,05.

Fig. 97. — Moule (Mollusque Acéphale) ; long. : 0^m,06.

comme le poulpe ; ou bien leur coquille est cloisonnée intérieurement comme chez le nautile, ou encore leur coquille est intérieure comme chez la seiche ;

2° Les *Gastéropodes* (escargot (fig. 96), lymnée, cérithe) ont en général une coquille enroulée sans cloisons intérieures ;

7.

3° Les *Acéphales* (moule (fig. 97), huître) ont une coquille formée de deux parties ;

4° Les *Brachiopodes* (rhynconelle, térébratule) forment un groupe que l'on rattache aux Mollusques proprement dits, mais qui en diffèrent par plusieurs caractères importants. Leurs branchies forment des sortes de bras enroulés (fig. 98). Leur coquille

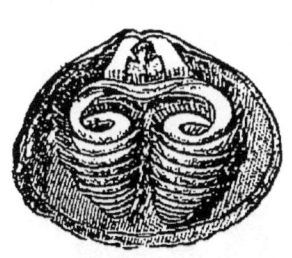

Fig. 98. — Rhynconelle (Brachiopode). On a enlevé une partie de l'animal pour montrer les bras enroulés.

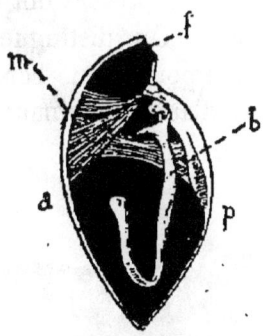

Fig. 99. — Térébratule (Brachiopode) coupée en long pour montrer les deux valves inégales : *a*, valve antérieure; *p*, valve postérieure; *b*, appareil de soutien des bras enroulés ; *m*, muscles.

est à deux valves inégales (fig. 99); mais tandis que chez les Acéphales le plan de symétrie de l'animal est parallèle à celui des deux valves, il est au contraire perpendiculaire chez les Brachiopodes. Ces animaux ont donc une valve ventrale et une valve dorsale, tandis que les Acéphales ont une valve droite et une valve gauche. Les Brachiopodes habitent les mers profondes.

Les Mollusques jouent un rôle très important dans les études géologiques. Leur coquille, dont la forme est très caractéristique pour chaque espèce, est souvent très bien conservée et permet de les bien reconnaître. D'autre part, comme la plupart des dépôts sédimentaires sont des dépôts marins et que l'immense majorité des mollusques vivent dans la mer, on comprend quelle est l'utilité de l'étude des coquilles fossiles pour caractériser les différents dépôts sédimentaires. Parfois, on ne trouve pas la coquille elle-même, mais seulement son *moulage*, c'est-à-dire que la partie creuse de la coquille a été remplie par une substance qui s'est durcie et qui reproduit en relief ce qui est en creux dans la coquille.

Les Brachiopodes, aujourd'hui peu nombreux, étaient très abondants dans les anciennes périodes de l'histoire du globe.

99. Rayonnés. — Tous les animaux dont nous avons parlé jusqu'à présent ont deux côtés que l'on peut reconnaître facilement. On distingue une droite et une gauche chez un chat, une poule, une écrevisse, une huître.

Il est d'autres animaux, tels que les oursins, les étoiles de

Fig. 100. — Étoile de mer (Rayonné Échinoderme); larg. : 0^m,12.

Fig. 101. — Oursin (Rayonné Échinoderme); larg. : 0^m,15.

mer, chez lesquels on ne peut reconnaître, au contraire, ni droite ni gauche ; en faisant tourner l'un de ces animaux sur lui-même, on lui trouve toujours le même aspect. Les méduses, qui flottent dans la mer et que nous avons déjà citées, sont dans le même cas. Les différentes parties du corps sont disposées en général, chez ces animaux, comme des rayons partant d'un centre: on les a groupés dans l'embranchement des *Rayonnés*.

Parmi les Rayonnés on distingue :

Fig. 102. — Méduse (Rayonné Cœlentéré); larg. : 0^m,30.

1° Les *Échinodermes* (étoile de mer, oursin) (fig. 100 et 101), chez lesquels l'appareil digestif est confondu avec l'appareil circulatoire; la plupart d'entre eux sont recouverts d'une carapace dure et imprégnée de substances minérales.

2° Les *Cœlentérés* (méduse, corail) (fig. 102 et 103), chez lesquels l'appareil digestif est confondu avec l'appareil circulatoire. Beaucoup de Cœlentérés vivent isolés, ou plus souvent en

Fig. 103. — Corail: animaux en colonie sur le même polypier (Rayonné Cœlentéré).

colonies dans des habitations imprégnées de substances calcaires et qu'on nomme des polypiers.

La carapace des Échinodermes, les polypiers des Cœlentérés sont très souvent conservés à l'état fossile. On trouve très rarement l'empreinte de Cœlentérés qui sont entièrement mous; on a rencontré parfois l'empreinte de méduses, par exemple.

100. Protozoaires. — Dans le fond des ruisseaux, des mares, partout où les plantes sont en voie de décomposition, on trouve de petits animaux qu'on ne peut apercevoir qu'au microscope, ce sont les Infusoires.

Au fond des mers, il existe aussi des quantités innombrables de petits animaux microscopiques munis d'une carapace dure : ce sont les Rhizopodes et les Foraminifères (104 et 105).

Chez tous ces animaux, on ne distingue nettement aucun organe; il n'y a pas de système nerveux. Ce sont les êtres les

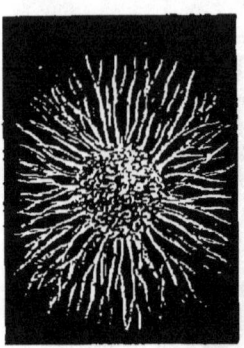 

Fig. 104 et 105. — Protozoaires du fond des mers (très grossis).

plus simples du règne animal. On les réunit dans l'embranchement des *Protozoaires*.

On rencontre, en abondance, des carapaces de Foraminifères fossiles; certaines espèces sont importantes en géologie comme caractéristiques d'une époque donnée.

101. Résumé de la classification des végétaux vivants. — Passons en revue de la même manière que pour les animaux, les caractères qui servent à grouper les végétaux actuels, en examinant la manière dont on peut les reconnaître à l'état fossile.

102. Division du règne végétal en quatre embranchements. — Le règne végétal a été divisé en quatre embranchements :

1° Les *Phanérogames*, qui comprennent toutes les plantes à fleurs. Les Phanérogames ont des racines, des tiges, des feuilles et des fleurs. On peut citer comme exemples, la giroflée, le blé, le chêne, le pin.

C'est, le plus souvent, par les empreintes des feuilles et la disposition des nervures que l'on arrive à rapprocher les plantes phanérogames fossiles de celles actuellement vivantes qui leur ressemblent le plus. On rencontre aussi des fragments de tiges et de racines. Parfois même on trouve les fleurs et même les fruits fossilisés.

2° Les *Cryptogames à racines* (ou *Cryptogames vasculaires*)

Fig. 106. — Fougère herbacée (Cryptogame à racines); haut. : 0ᵐ,45.

Fig. 107. — Fougère arborescente (Cryptogame à racines); haut.: 6 m.

sont des végétaux dépourvus de fleurs, mais qui ont tiges, racines et feuilles. Telles sont les Fougères (fig. 106 et 107), les Prêles (fig. 108), les Lycopodes (fig. 109).

Les Cryptogames à racines, très nombreux et très développés aux époques géologiques anciennes, ont laissé de nombreuses empreintes de feuilles, de tiges et parfois de racines; des fragments d'écorce ont été conservés. Ceux qu'on peut le mieux étudier sont les organes qui ont été *silicifiés*. Par un curieux phénomène de fossilisation, chaque particule de l'organe a été remplacée par une particule de silice. On a réussi à faire dans ces végétaux silicifiés, des coupes minces permettant d'observer tous les détails de leur structure interne comme dans une coupe de végétal actuel.

3° Les *Muscinées* n'ont pas de fleurs non plus, mais diffèrent des Cryptogames vasculaires en ce qu'elles sont dépourvues

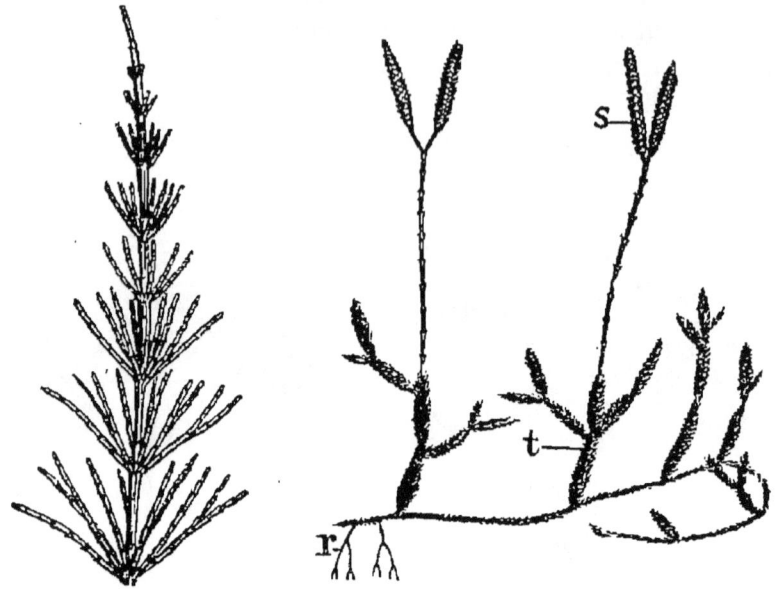

Fig. 108. — Fragment d'un rameau de Prêle (Cryptogame à racines) (grandeur naturelle).

Fig. 109. — Lycopode (Cryptogame à racines) : r, racines ; t, tige portant des feuilles ; R, rameau portant des sporanges (1/3 de grandeur naturelle).

de racines ; les Muscinées ont seulement des tiges et des

Fig. 110. — Mousse (Muscinée) (1/2 grandeur naturelle).

Fig. 111. — Hépatique (Muscinée) (grandeur naturelle).

feuilles ; telles sont les Mousses (fig. 110) et les Hépatiques (fig. 111).

Les Muscinées se retrouvent surtout à l'état d'empreintes dans des terrains relativement récents.

4° Les *Thallophytes* sont aussi dépourvues de fleurs et de racines, mais ne présentent jamais des tiges ou des feuilles, comme les Muscinées. On dit que le corps de la plante est

Fig. 112. — Algue (Thallophyte).

Fig. 113. — Champignon (Thallophyte).

formé par un *thalle*, c'est-à-dire qu'on n'y reconnait ni racine, ni tige, ni feuille. Telles sont les Algues (fig. 112) et les Champignons (fig. 113).

On trouve des empreintes d'Algues et des traces de Champignons parasites sur les feuilles ou les tiges. On rencontre aussi des Champignons silicifiés en même temps que les organes sur lesquels ils se développaient.

On réunit quelquefois les trois derniers embranchements, Cryptogames vasculaires, Muscinées et Thallophytes, sous le nom de *Cryptogames*, c'est-à-dire de plantes sans fleurs. Toutes ces plantes sont dépourvues de graines et se reproduisent ordinairement par des *spores*, petits grains microscopiques contenus dans des sortes de fructifications appelées *sporanges*.

Résumons les caractères principaux des quatre embranchements du règne végétal dans le tableau suivant :

CLASSIFICATION DES ANIMAUX ET DES VÉGÉTAUX 125

Tige, feuille, racine, fleur.................. **Phanérogames**
(Giroflée, Blé, Pin).

Tige, feuille, racine, pas de fleur........... **Cryptogames à racines**
(Fougère, Prêle).

Tige et feuille (en général); pas de racine, pas
de fleur..................................... **Muscinées**
(Mousses, Hépatiques).

Thalle ; pas de tige, pas de feuille, pas de racine,
pas de fleur................................. **Thallophytes**
(Algues, Champignons).

103. Division des Phanérogames : Angiospermes et Gymnospermes. — Les Phanérogames se divisent en deux grands groupes.

La plupart des Phanérogames ont au milieu de leur fleur une petite masse ordinairement verte qui est un *ovaire clos*, renfermant de petits grains blancs nommés ovules qui deviendront

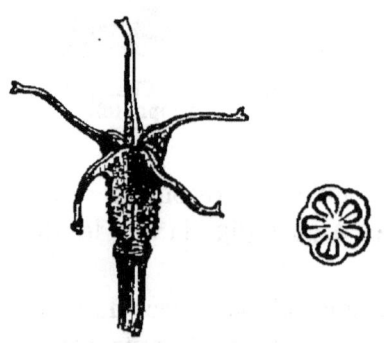 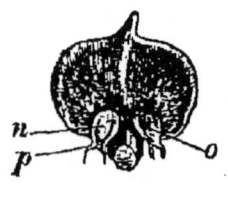

Fig. 114 et 115. — Exemple d'Angiosperme : ovaire clos renfermant les ovules (Nigelle).

Fig. 116. — Exemple de Gymnosperme ; *np, o,* ovules portés à découvert sur des écailles, non renfermés dans un ovaire clos (Pin).

des graines (exemples : fig. 114 et 115). Toutes ces plantes, dont les ovules sont renfermés dans un ovaire clos, sont appelées *Angiospermes*.

On réunit dans un autre groupe moins considérable les plantes dont les ovules ne sont pas renfermés dans un ovaire los (exemple : fig. 116) : ce sont les *Gymnospermes* ; tels sont les arbres résineux de nos contrées, le pin, le sapin, etc., ou encore les Cycadées des régions tropicales, tels que les cycas (fig. 117).

104. Angiospermes : Dicotylédones et Monocotylédones.

— Nous avons étudié l'organisation des Angiospermes ; bornons-nous maintenant à dire qu'on peut les diviser en deux grands groupes :

1° Les *Dicotylédones*, dont la graine a deux cotylédons, c'est-à-dire deux premières feuilles qui servent à nourrir la plante lorsque la graine germe. Exemple : haricot (c c', fig. 118) ;

Fig. 117. — Cycas (Gymnosperme); haut. : 4 m.

2° Les *Monocotylédones*, dont la graine n'a qu'un cotylédon. Exemple : blé (c, fig. 119).

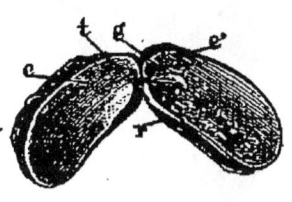

Fig. 118. — Graine ouverte de Dicotylédone (Haricot) : c, c', les deux cotylédons.

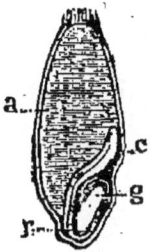

Fig. 119. — Graine de Monocotylédone coupée en long (Blé) : c, l'unique cotylédon.

Il n'est pas nécessaire d'avoir recours à l'examen de la graine pour distinguer une Monocotylédone d'une Dicotylédone ; la structure des feuilles et des fleurs suffit en général.

Chez les Dicotylédones, les nervures de la feuille se ramifient dans tous les sens (fig. 122) ; de plus, les diverses parties de la fleur sont, en général, disposées par quatre ou par cinq (fig. 120).

Les Monocotylédones ont ordinairement les nervures des

feuilles parallèles entre elles et non ramifiées tout le long du

Fig. 120. — Fleur de Dicotylédone ; les parties semblables de la fleur sont disposées par cinq (Bourrache).

Fig. 121. — Exemples de fleurs de Monocotylédone ; les parties semblables de la fleur sont disposées par trois (Alisma).

limbe (fig. 123). De plus, les diverses parties de la fleur, sé-

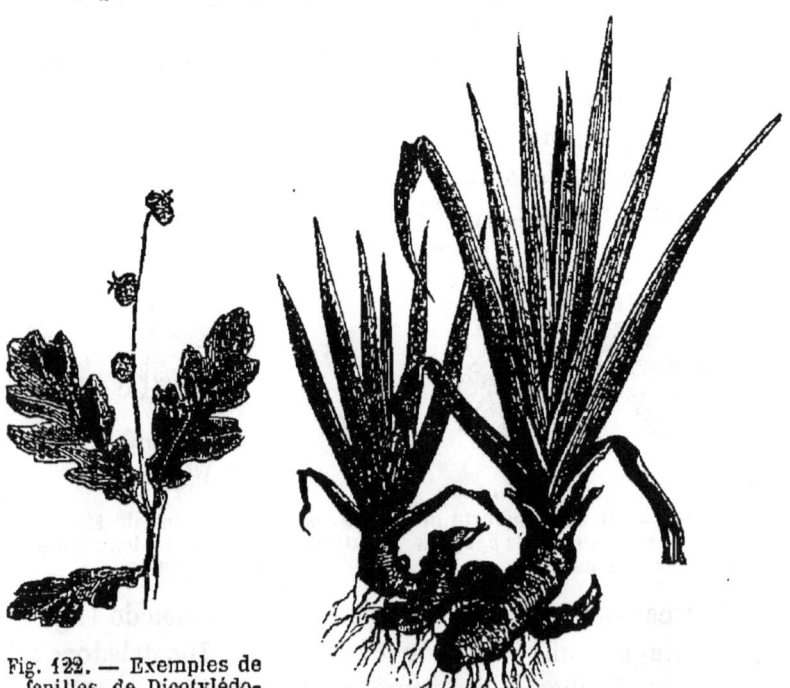

Fig. 122. — Exemples de feuilles de Dicotylédones à nervures ramifiées dans tous les sens (Chêne, Lierre).

Fig. 123. — Exemples de Monocotylédone dont les feuilles ont les nervures parallèles (Iris).

pales, pétales, étamines, y sont le plus souvent disposées par trois (fig. 121).

Parfois, les Monocotylédones ont des feuilles présentant une grande nervure principale et dont les nervures secondaires sont parallèles, ou encore à nervures en éventail, mais ces nervures ne sont pas ramifiées dans tous les sens.

Parmi les Monocotylédones, citons le lis, la tulipe, l'iris, l'ail, le blé, l'alisma, etc.; parmi les Dicotylédones, la giroflée, le fraisier, le coquelicot, le pois, la primevère, la bourrache, etc.

RÉSUMÉ

Comparaison des fossiles avec les animaux et les végétaux actuels. — La *Paléontologie* est la partie de la géologie qui s'occupe de décrire les animaux et les végétaux fossiles et de les comparer aux êtres actuels. Il est donc indispensable avant d'étudier les êtres fossiles de résumer la classification des animaux et des végétaux vivants.

Les grands embranchements du règne animal. — On peut résumer dans le tableau suivant les caractères principaux des grands embranchements du règne animal :

ANIMAUX : RÈGNE ANIMAL { Animaux sans colonne vertébrale et en général sans squelette interne. **Invertébrés.** { Animaux ayant des organes distincts. { Animaux à deux côtés ayant une droite et une gauche.	Animaux ayant un squelette intérieur où l'on distingue une colonne vertébrale.	1. VERTÉBRÉS	Chat. Poule. Lézard. Grenouille. Carpe.
	Animaux divisés en articles successifs.	2. ARTICULÉS	Mouche. Araignée. Ecrevisse. Millepatte. Ver de terre.
	Animaux non divisés en articles successifs.	3. MOLLUSQUES	Huître. Moule. Escargot. Seiche.
	Animaux chez lesquels on ne reconnaît ni droite ni gauche.	4. RAYONNÉS	Oursin. Etoile de mer. Méduse.
	Animaux très simples et très petits, chez lesquels on ne reconnaît pas d'organes distincts.	5. PROTOZOAIRES	Infusoires. Rhizopodes.

1ᵉʳ *Embranchement : Vertébrés.* — Le premier embranchement du règne animal peut être divisé en cinq groupes d'après les caractères suivants :

CLASSIFICATION DES ANIMAUX ET DES VÉGÉTAUX

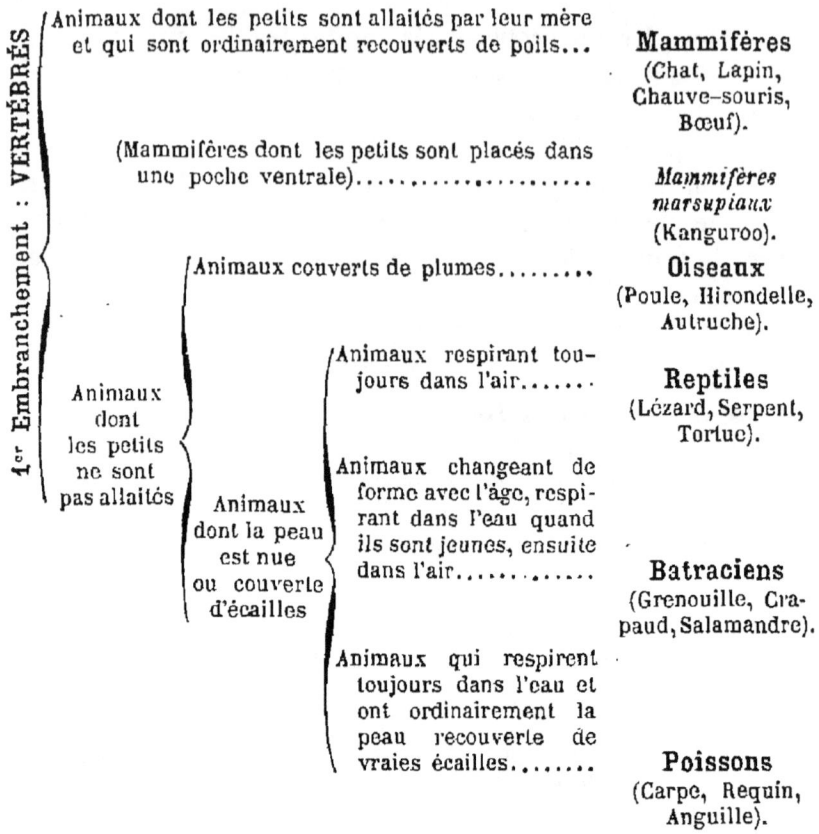

2ᵉ Embranchement : *Articulés*. — Le deuxième embranchement du règne animal peut être divisé en cinq groupes, d'après les caractères suivants :

2ᵉ Embranchement : ARTICULÉS

- Peau généralement durcie ; pattes qui sont composées de plusieurs articles. — **ARTHROPODES**
  - Respirant dans l'air
    - Six pattes....... **Insectes** (Hanneton).
    - Huit pattes..... **Arachnides** (Araignée).
    - Pattes très nombreuses....... **Myriapodes** (Millepatte).
  - Respirant dans l'eau....... **Crustacés** (Ecrevisse).
- Peau molle : pas de pattes articulées........ **Vers** (Ver de terre, Sangsue, Ténia).

3° Embranchement : *Mollusques*. — Le troisième embranchement du règne animal comprend quatre groupes principaux qu'on reconnaît aux caractères suivants :

3° Embranchement : MOLLUSQUES
- Bras munis de ventouses.................... **Céphalopodes** (Seiche).
- En général, coquille enroulée en spirale......... **Gastéropodes** (Escargot).
- En général, coquille formée de deux valves.
  - Valves parallèles au plan de symétrie de l'animal................. **Acéphales** (Moule).
  - Valves perpendiculaires au plan de symétrie de l'animal............... **Brachiopodes** (Térébratule).

4° *Embranchement : Rayonnés.* — Le quatrième embranchement du règne animal peut être divisé en deux groupes, d'après les caractères suivants :

4° Embr. RAYONNÉS
- Appareil circulatoire distinct de l'appareil digestif................................... **Échinodermes** (Oursin).
- Pas d'appareil circulatoire distinct de l'appareil digestif................................... **Cœlentérés** (Corail).

5° *Embranchement : Protozoaires.* — Le cinquième embranchement du règne animal comprend un grand nombre d'animaux microscopiques; les groupes principaux sont les *Infusoires*, les *Foraminifères* et les *Rhizopodes*.

Les grandes divisions du règne végétal. — On peut résumer dans le tableau suivant les caractères des principaux groupes de plantes :

VÉGÉTAUX. RÈGNE VÉGÉTAL

Plantes à fleurs : **Phanérogames**
- Plantes à ovules renfermés dans un ovaire et à stigmates. **ANGIOSPERMES**
  - Graine à deux cotylédons ; nervures des feuilles ordinairement ramifiées ; parties de la fleur souvent par 4 ou 5... **Dicotylédones** (Giroflée, Chêne)
  - Graine à 1 cotylédon ; nervures des feuilles ordinairement parallèles ; parties de la fleur souvent par 3 ou 6..... **Monocotylédones** (Lis, Blé).
- Plantes à ovules non renfermés dans un ovaire, pas de stigmates : **GYMNOSPERMES** (Pin, If).

Plantes sans fleurs : **Cryptogames**
- Plantes à racines : **CRYPTOGAMES A RACINES** (Prêle, Fougère, Lycopode).
- Plantes sans racines.
  - tige et feuilles : **MUSCINÉES** (Mousses).
  - ni tige, ni feuilles : **THALLOPHYTES** (Algues, Champignons).

IV

PRINCIPALES PÉRIODES GÉOLOGIQUES

CHAPITRE XI

TERRAINS PRIMITIFS ET TERRAINS PRIMAIRES

105. Principales périodes géologiques. — Au-dessous des terrains sédimentaires renfermant des fossiles, on trouve une masse de roches cristallisées sans fossiles qu'on nomme *terrains primitifs* et sur lesquels reposent tous les autres.

Pour faciliter le classement des divers terrains qui reposent sur les terrains primitifs, on a divisé les époques successives auxquelles ils se sont formés en quatre périodes : *primaire, secondaire, tertiaire et quaternaire;* l'époque primaire étant la plus ancienne et correspondant aux dépôts qui peuvent être recouverts par tous les autres, l'époque quaternaire correspondant aux terrains les plus récents et finalement aux dépôts qui se forment maintenant au fond des mers et dans les lacs ou les cours d'eau actuels.

Nous étudierons successivement, après les terrains primitifs, les terrains formés à ces quatre époques successives :

    1° Les terrains primaires ;
    2° Les terrains secondaires ;
    3° Les terrains tertiaires ;
    4° Les terrains quaternaires.

106. Terrains primitifs. — Il y a des roches qu'on rencontre toujours au-dessous de toutes les autres et au-dessous desquelles on n'a jamais trouvé d'autres roches stratifiées, ce sont les *gneiss* (fig. 29) et les *micaschistes*.

Nous avons vu que ces roches renferment du quartz, du feldspath et surtout du mica; de plus, nous savons qu'elles sont disposées en couches superposées. On n'y a jamais rencontré de fossiles.

Dans certaines régions, ces roches sont traversées par le granit, roche non stratifiée. Comme le granit ne renferme jamais de fragments des autres roches éruptives, nous dirons que le granit est la roche éruptive la plus ancienne qui soit connue.

Puisque les gneiss et les micaschistes se trouvent au-dessous de toutes les autres roches, nous dirons que ce sont les terrains les plus anciens qui soient connus.

L'ensemble du gneiss, du micaschiste et du granit constitue les *terrains primitifs*.

On a trouvé les terrains primitifs au-dessous des autres terrains, partout où l'on a creusé à une profondeur suffisamment grande; par suite, on suppose qu'ils existent partout, recouverts ou non par des terrains plus récents.

107. Parties de la France où les terrains primitifs sont à la surface du sol. — En considérant la carte géologique de la France (p. 234) où l'on a indiqué la répartition des divers terrains géologiques (en supposant supprimée la terre végétale), on peut voir que dans certaines régions de la France, les terrains primitifs ne sont recouverts par aucune autre roche.

L'affleurement des terrains primitifs (gneiss, micaschistes et granit) est indiqué sur cette carte par la couleur rose.

On voit que les terrains primitifs sont à la surface du sol dans une grande partie de la Bretagne, dans le Plateau central, dans une partie des Alpes et des Pyrénées, dans le sud du département du Var et dans plus de la moitié de la Corse.

Comme aucun dépôt ne s'est produit dans ces régions depuis

les terrains primitifs, on admet généralement que ces parties du sol de la France formaient des continents à la fin de l'époque primitive et sont restées continentales jusqu'à l'époque actuelle.

108. Ce qu'on entend par terrains primaires.
— On est convenu de réunir sous le nom de *terrains primaires* toute une série de couches déposées après les terrains primitifs et qui se trouvent par conséquent au-dessus d'eux.

La plupart de ces dépôts ont été formés par les mers, à cette époque ancienne de l'histoire du globe; en effet, on y trouve un grand nombre de coquilles ou divers autres fossiles qui se rap-

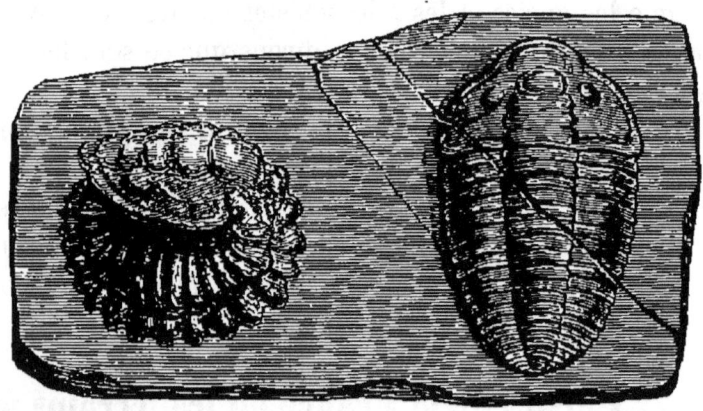

Fig. 124. — Trilobite (calymène). Crustacé fossile des terrains primaires. — L'échantillon de gauche est un calymène enroulé sur lui-même ; celui de droite est déroulé (1/2 grandeur naturelle).

prochent par leur forme d'animaux vivant actuellement dans la mer.

Parmi ces fossiles marins, il en est toute une catégorie qu'on n'a jamais rencontrés dans les terrains plus récents, c'est-à-dire dans les roches qui se sont déposées au-dessus de celles dont nous parlons maintenant. Ces animaux sont les *trilobites* (fig. 124, 125 et 126), ainsi nommés à cause de la division très visible de leur corps en trois parties dans le sens de la longueur. Il suffit de regarder quelques-uns de ces fossiles pour reconnaître que leur corps est séparé transversalement en articles successifs ; ils appartiennent donc à l'embranchement des Articulés. Comme on a pu reconnaître les débris de leurs pattes, elles-mêmes articulées, on en conclut que ce sont des Arthropodes ; enfin, l'empreinte de leurs branchies, qu'on a trouvées sur des fossiles bien conservés, indique que ce sont des Crustacés. En cherchant parmi les Crustacés vivants, on a reconnu que ce sont les limules (fig. 128), qui leur ressemblent le plus. Les limules vivent dans l'océan Pacifique, sur les côtes de l'Amérique du Nord et des îles Moluques.

Quoique les limules ne soient pas divisées en trois parties longitudi-

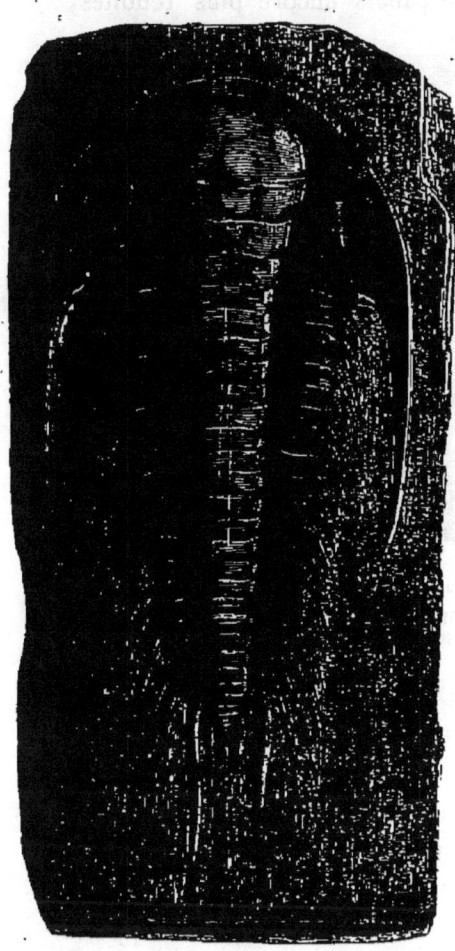

Fig. 125. — Trilobite (parodoxidès), Crustacé fossile des terrains primaires (1/2 grandeur naturelle).

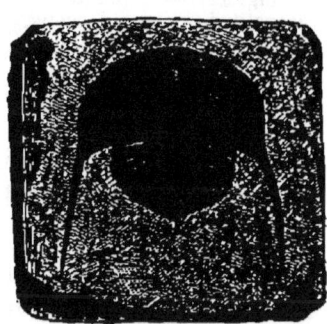

Fig. 126. — Trilobite (trinucléus) Crustacé fossile des terrains primaires (grandeur naturelle).

nales, on ne peut méconnaître, en les regardant par dessous, leur ressemblance générale avec les trilobites (fig. 127 et 128) ; mais c'est surtout lorsqu'on compare une très jeune limule, venant de sortir de l'œuf, à un fossile de très jeune trilobite, qu'on aperçoit des analogies encore plus grandes.

Les trilobites avaient les pattes à peu près disposées comme celles des limules (fig. 127 et 128), mais encore plus réduites;

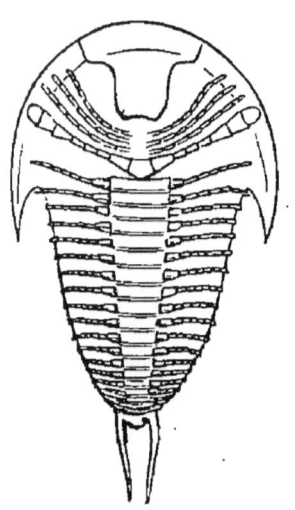

Fig. 127. — Trilobite reconstitué, vu par-dessous.

Fig. 128. — Limule, Crustacé actuel, comparable aux trilobites, vue par-dessous ; long. 0 m. 60.

ces animaux devaient donc se déplacer en nageant dans la mer, grâce à la mobilité des articles de leur corps ; en outre, la plupart d'entre eux pouvaient s'enrouler sur eux-mêmes, à la manière des cloportes actuels, petits Crustacés bien connus que l'on trouve souvent sous les pierres humides.

Comme on n'a rencontré de trilobites que dans ces couches anciennes, on s'en est servi pour caractériser les terrains appelés primaires. Un terrain qui renferme des trilobites appartient donc à l'époque primaire.

109. Division des terrains primaires. — Les dépôts formés à l'époque primaire sont souvent d'une épaisseur considérable. Bien qu'on puisse trouver des trilobites dans tous ces dépôts, il y a certains fossiles qu'on trouve presque exclusivement dans les couches inférieures, d'autres surtout dans les parties moyennes et d'autres enfin plus abondants dans les parties supérieures, c'est-à-dire dans les moins anciennes.

De même que l'on a choisi les trilobites pour caractériser tous les terrains de l'époque primaire, on a pris comme types certains fossiles caractéristiques pour diviser commodément l'époque primaire en trois périodes.

Allons dans certaines régions des Ardennes, des Vosges ou de la Bretagne, nous reconnaîtrons, au-dessus des terrains primitifs, des dépôts formés par des roches contenant des fossiles. Ordinairement ces dépôts ne sont pas horizontaux, car les nombreux mouvements du sol qui se sont produits depuis cette

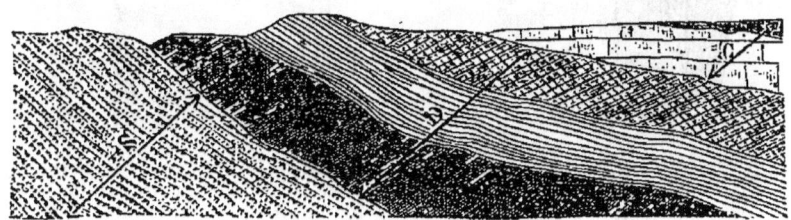

Fig. 129. — Coupe théorique des terrains primaires : S, silurien ; D. dévonien ; C, carbonifère.

époque si lointaine les ont contournés, inclinés ou plissés de diverses manières. Nous pourrons, par exemple, en étudiant avec soin une localité assez étendue, en examinant les tranchées des routes ou de chemins de fer, les coteaux ou les montagnes abruptes, établir ce qu'on appelle une coupe géologique, comme celle que représente la figure 129.

110. Silurien. — Les schistes qui se trouvent au-dessus des terrains primitifs, en S (fig. 129), pourront nous présenter de fines empreintes, très curieuses, droites, contournées en crosse ou ramifiées en une spirale, et qui à cause de ces singulières apparences de dessins portent le nom de *Graptolithes* (fig. 130). En examinant avec une forte loupe ces empreintes, on observe sur chacune d'elles une série de petites logettes. A quoi peut-on comparer cette empreinte d'organisme ? Parmi les animaux vivants, on trouve dans la mer des arborescences constituées par une matière cornée, portant de très petites loges assez analogues; ce sont les Polypes hydraires (fig. 131) qui font partie du groupe

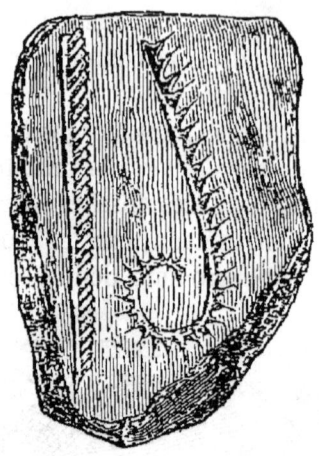

Fig. 130. — Graptolithes polypiers fossiles du Silurien (grandeur naturelle).

Fig. 131. — Polypes hydraires actuels sur leur polypier (antennulaires), comparables aux graptolithes (grossis 3 fois).

des Cœlentérés. Ces arborescences sont des colonies d'animaux, car dans chacune des logettes on peut trouver un polype. Les graptolithes étaient donc des colonies analogues à celles des Polypes hydraires qui vivent actuellement dans les mers et qui appartiennent à l'embranchement des Rayonnés (Cœlentérés).

Les graptolithes caractérisent la partie inférieure des terrains primaires à laquelle on a donné le nom de *Silurien* (1).

111. Dévonien. — Au-dessus du Silurien, dans les couches de terrains indiquées en D (fig. 129), on ne trouve plus de graptolithes. On y remarque souvent des coquilles à deux valves inégales et dont la charnière est droite (fig. 132); les

---

(1) Ce terrain est ainsi nommé parce qu'il a été étudié d'abord en Angleterre dans le Pays de Galles, habité autrefois par les *Silures*.

deux moitiés de chacune des valves sont exactement pareilles; on peut trouver de ces coquilles assez bien conservées pour qu'en les cassant délicatement, on aperçoive dans leur intérieur un singulier appareil formé de deux élégantes spires réunies vers le milieu et fixées sur les coquilles (Voy. fig. 133). C'est la disposition de cet appareil qui a fait donner le nom de *spirifers* à ces coquilles.

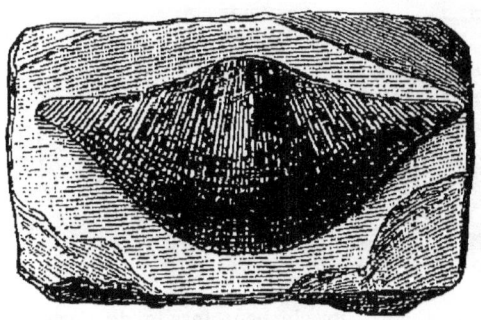

Fig. 132. — Spirifer, Brachiopode fossile du Dévonien (1/2 grandeur naturelle).

Les animaux actuels qui leur ressemblent le plus (fig. 134) vivent dans les profondeurs des mers tropicales et appartiennent aux Brachiopodes, groupe voisin des Mollusques (p. 118).

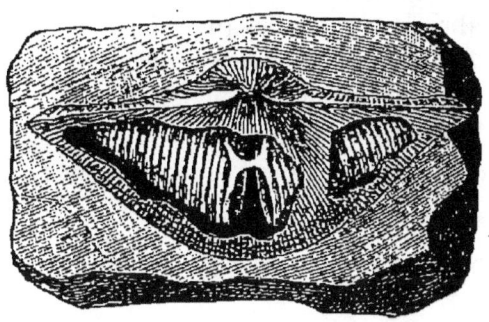

Fig. 133. — Spirifer dont la coquille est brisée pour montrer l'appareil en spirale qui soutenait les bras (1/2 grand. naturelle).

Fig. 134. — Brachiopode actuel, comparable aux spirifers. On a enlevé une partie de l'animal pour montrer les bras enroulés (grandeur naturelle).

Les valves de la coquille de ces Brachiopodes ont une disposition analogue à celle des spirifers, et on trouve à leur intérieur un appareil du même genre, mais moins complet, qui soutient deux sortes de bras enroulés servant à la respiration de l'animal (fig. 134).

L'abondance des spirifers caractérise les couches du sol déposées par les mers pendant cette seconde période de l'époque primaire. On a donné à ces dépôts le nom de *Dévonien* (1).

112. Carbonifère. — Au-dessus des couches du terrain dévonien, nous trouvons des dépôts en

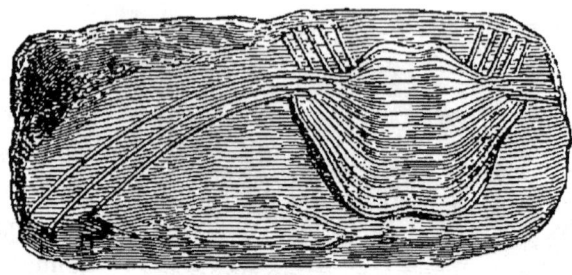

Fig. 135. — Productus, Brachiopode fossile du Carbonifère (grandeur naturelle).

général formés de calcaires qui contiennent en abondance d'autres Brachiopodes ; ces animaux sont appelés *Productus* : leurs valves sont très épaisses et portent souvent de bizarres appendices par où passaient des prolongements de la substance molle du corps qui se trouvaient ainsi à l'abri dans ces tubes (fig. 135).

Les productus caractérisent ces dépôts supérieurs des terrains primaires dont l'ensemble, à cause des masses de charbon qu'on y trouve souvent, a reçu le nom de *Carbonifère*.

On peut donc établir le tableau de superposition suivant :

Au-dessus des terrains primaires : Terrains secondaire, tertiaire ou quaternaire, ou aucun dépôt.

TERRAINS PRIMAIRES (Trilobites).
- Partie supérieure..... **Terrain carbonifère**.... (Productus).
- Partie moyenne....... **Terrain dévonien**...... (Spirifers).
- Partie inférieure...... **Terrain silurien**....... (Graptolithes).

Au-dessous des terrains primaires : Terrains primitifs.

---

(1) Ce terrain a été ainsi nommé parce qu'il a été étudié d'abord dans le comté de Devon, en Angleterre.

113. Animaux fossiles des terrains primaires. —
1° *Vertébrés de l'époque primaire.* — On n'a rencontré aucune trace fossile de Mammifères ou d'Oiseaux dans les terrains

Fig. 136. — Tête d'Archégosaure, Reptile fossile primaire; long. de la tête 0^m,12.

primaires. Les Reptiles sont surtout représentés par des animaux voisins du lézard : on peut citer l'*archégosaure* (fig. 136; comparez à la fig. 137) qui avait les membres disposés pour nager.

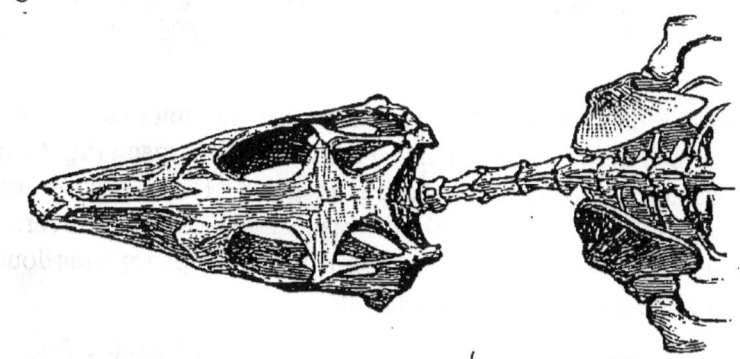

Fig. 137. — Squelette de la tête d'un Lézard actuel (Varan du Nil), Reptile comparable à l'archégosaure (1/2 grandeur naturelle).

Parmi les Batraciens, on a trouvé l'empreinte des os d'une sorte de salamandre qu'on a appelée *protriton;* la comparaison de ce squelette (fig. 138) avec celui de la salamandre que l'on trouve actuellement dans les endroits humides (fig. 139), montre combien ils sont comparables.

Les Poissons fossiles, tels que les *Paléoniscus* (fig. 140) sont

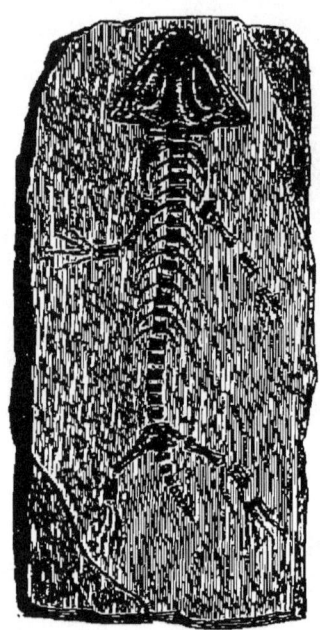

Fig. 138. — Protriton, Batracien fossile primaire (grandeur naturelle).

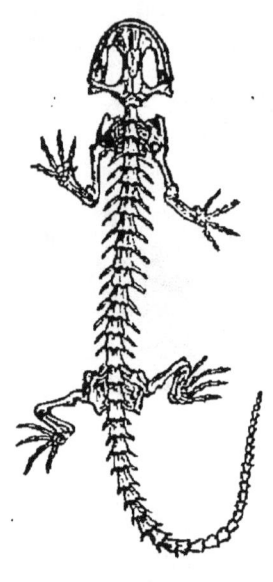

Fig. 139. — Squelette de Salamandre actuelle, Batracien comparable au protriton (1/2 de grandeur naturelle).

nombreux dans les terrains primaires ; ils ont tous comme caractère commun d'avoir, ainsi que la raie ou l'esturgeon (fig. 141), une queue formée de deux parties inégales (1). La peau de ces poissons était souvent garnie de plaques osseuses de diverses formes. Leur squelette intérieur était peu développé et sans doute cartilagineux comme celui de la raie.

2° *Articulés de l'époque primaire*. — Les Insectes fossiles

---

(1) On a donné, en général, le nom de *poissons hétérocerques* à ceux qui ont ainsi la queue divisée en deux parties inégales. Ceux qui ont la queue divisée en deux parties égales, comme la plupart des poissons actuels ont été appelés *poissons homocerques*.

des terrains primaires sont très comparables à ceux de l'époque actuelle; on connaît des *libellules*, des *blattes*, des *sauterelles*, des *phasmes*, dont les empreintes sont parfaitement reconnais-

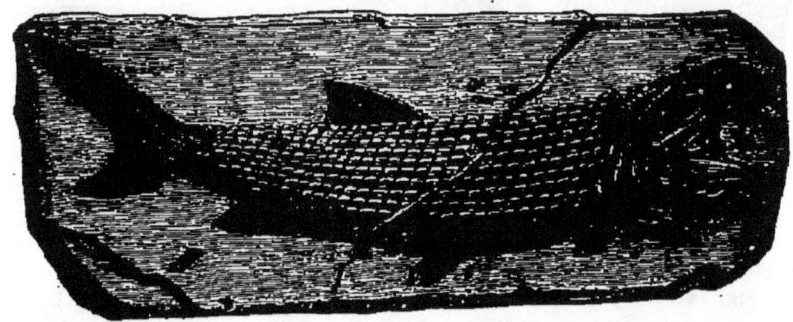

Fig. 140. — Paléoniscus, Poisson fossile primaire (1/2 grandeur naturelle).

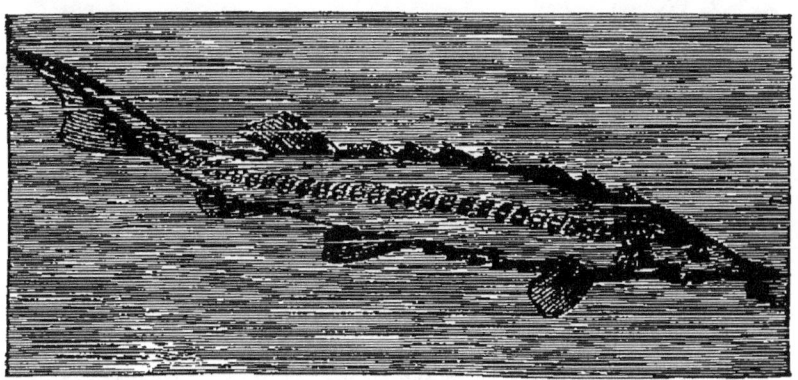

Fig. 141. — Esturgeon, Poisson actuel comparable au Paléoniscus;
long. : 1^m,60.

sables (fig. 142; comparez à la fig. 143). Certains Insectes de cette époque avaient plus de 60 centimètres de largeur.

Parmi les Arachnides, il faut citer le *paléophore* (fig. 144) qu'on a trouvé dans le terrain silurien; cet animal est tout à fait comparable au scorpion actuel (fig. 145).

Les *Crustacés* les plus nombreux étaient les *trilobites* (fig. 124, 125 et 126). On a trouvé aussi d'autres crustacés marins, remarquables par leur grande taille qui dépasse deux mètres et qu'on a désignés sous le nom de *ptérygotus*.

3° *Mollusques primaires*. — On rencontre aussi dans les terrains primaires un très grand nombre de coquilles de Mollusques,

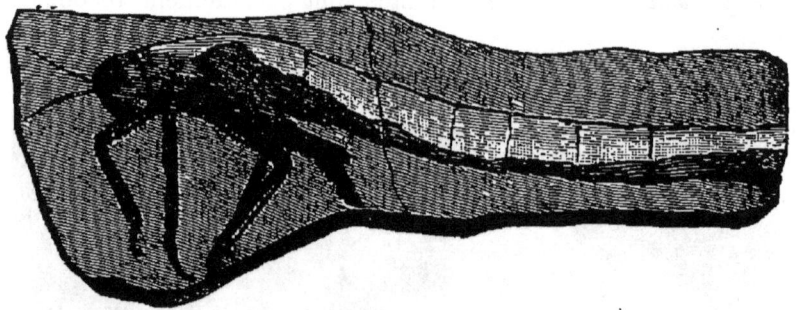

Fig. 142. — Titanophasme, Insecte fossile primaire ; long. : 0m,25.

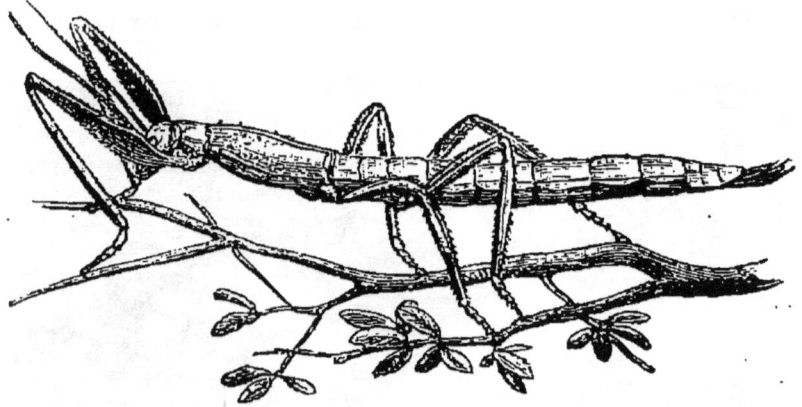

Fig. 143. — Phasme, Insecte actuel comparable au Titanophasme.

parmi lesquelles on peut citer celles des *nautiles* tout à fait semblables à celles des nautiles qui vivent actuellement dans la mer des Indes. Le nautile se trouve dans une grande coquille divisée en loges successives (fig. 146), qui sont reliées les unes aux autres par un tube S appelé siphon. La partie molle et vivante de l'animal se trouve toujours logée dans la loge la plus grande et la plus voisine de l'extérieur. A mesure que l'animal grandit, il habite des loges de plus en plus grandes, abandonnant successivement toutes ses habitations précédentes; à côté des nautiles, on peut encore mentionner les *orthoceras* dont la coquille, analogue à celle du nautile, est droite et non enroulée.

Les Brachiopodes, très abondants à cette époque, étaient

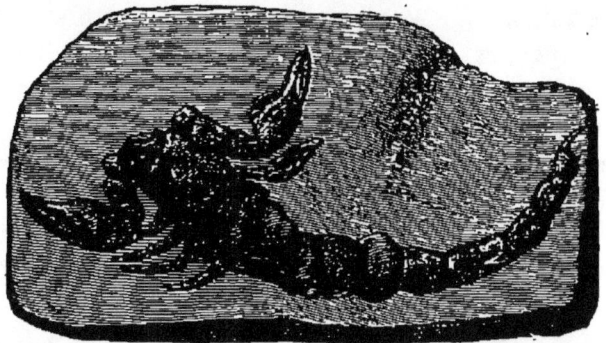

Fig. 144. — Paléophore, Arachnide fossile primaire (grandeur naturelle).

Fig. 145. — Scorpion actuel, Arachnide comparable au Paléophore
(1/2 de la grandeur naturelle).

surtout les *spirifers* (fig. 132) et les *productus* (fig. 135) qui,

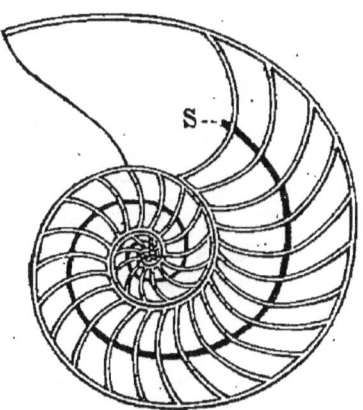

Fig. 146. — Coquille de Nautile (Mollusque Céphalopode) coupée en long,
montrant les loges successives et le siphon S; larg. : $0^m,60$.

comme nous l'avons vu, sont si importants pour caractériser ces terrains.

4° *Rayonnés et Protozoaires de l'époque primaire.* — On trouve encore parmi les Rayonnés, indépendamment des graptolithes (fig. 130), de nombreux polypiers fossiles ; on a aussi observé des carapaces de foraminifères (Protozoaires).

114. Végétaux fossiles des terrains primaires.

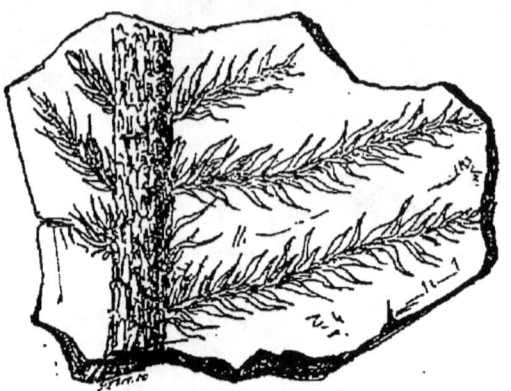

Fig. 147. — Empreinte de walchia, Conifère fossile de l'époque primaire (grandeur naturelle).

— 1° *Phanérogames de l'époque primaire.* — On n'a rencontré

Fig. 148. — Fragment de Conifère actuel comparable au walchia (1/2 grandeur naturelle).

jusqu'ici dans les terrains de cette époque aucun végétal fossile se rapportant aux Angiospermes. Parmi les Gymnospermes, on a découvert des fragments de branches ou de fruits qu'on rapporte à des *Cycadées* et à des *Conifères*, par exemple, le *walchia* (fig. 147; comparez à la fig. 148).

2° *Cryptogames de l'époque primaire.* — Ce sont surtout les

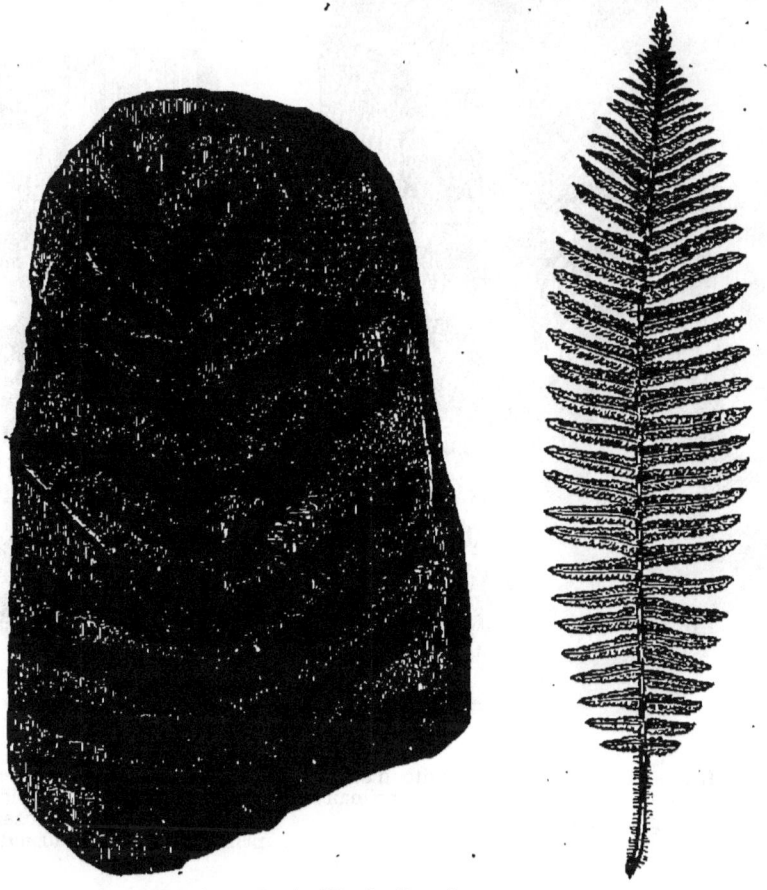

Fig. 149. — Empreinte de feuille de Fougère fossile de l'époque primaire (1/2 grandeur naturelle).

Fig. 150. — Fragment de feuille de Fougère actuelle comparable à l'empreinte de la figure 149 ; longeur : 0^m,30.

Cryptogames à racines qui sont représentés par des empreintes fossiles nombreuses et variées, et c'est particulièrement dans les schistes du terrain carbonifère qu'on en a découvert un grand nombre. La figure 160, à gauche, montre la restauration des fougères primaires, les unes arborescentes, les autres herbacées.

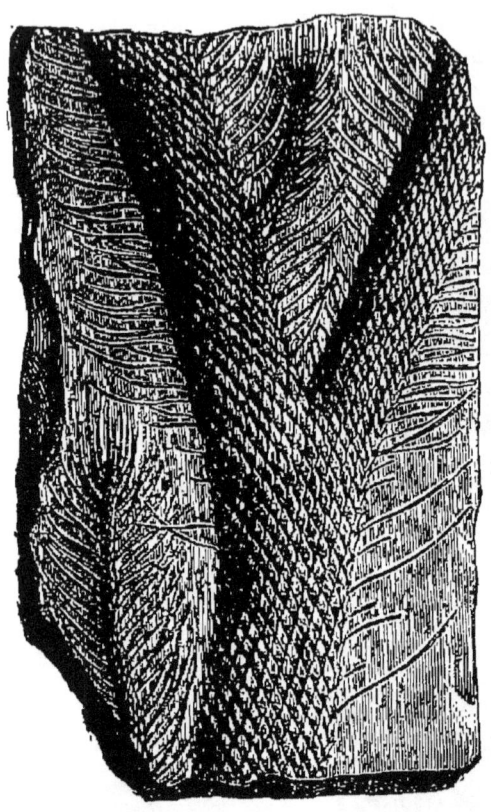 

Fig. 151. — Fragment d'empreinte d'écorce de Sigillaire, Cryptogame fossile primaire (1/5 de grandeur naturelle).

Fig. 152. — Fragment d'empreinte d'écorce de Lépidodendron, Cryptogame fossile primaire (1/5 de grand. nat.).

On trouve aussi très fréquemment l'empreinte de fragments d'écorce (fig. 151 et 152) ou de racines qui appartiennent à de grands arbres dont la forme est presque entièrement conservée dans certaines mines de houille (fig. 158).

On peut citer surtout les *sigillaires* (fig. 151) et les *lépidodendrons* (fig. 152); c'étaient des arbres de 15 à 30 mètres de

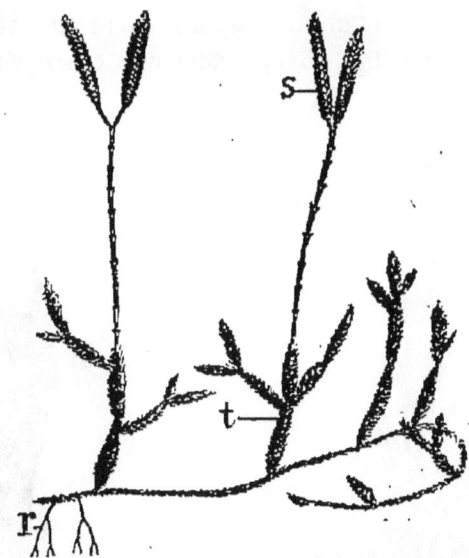

Fig. 153. — Lycopode, Cryptogame actuel comparable au Lépidodendron
r, racines ; t, tige feuillée ; S, branche à sporanges (1/3 gr. naturelle).

Fig. 154 et 155. — Empreinte de Calamite, Cryptogame fossile de l'époque primaire ; à droite, empreinte des tiges à sporanges (1/4 de grandeur naturelle).

hauteur qui, par leur organisation, doivent être rapprochés des lycopodes actuels (fig. 153) ; seulement, ces derniers sont des

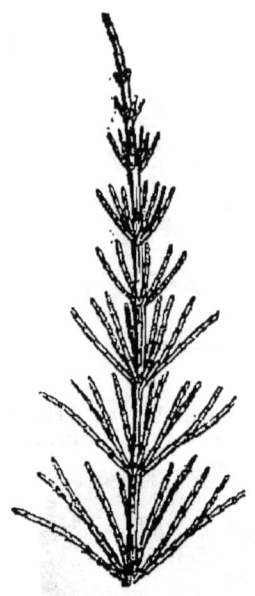

Fig. 156. — Fragment d'un rameau de Prêle, Cryptogame actuel comparable aux calamites (grandeur naturelle).

Fig. 157. — Tige de Prêle, portant des sporanges comparables aux sporanges fossiles de calamite de la figure 156) (grandeur naturelle).

plantes herbacées de très petite taille. Les sigillaires avaient le tronc droit, les lépidodendrons se ramifiaient en fourches successives comme les tiges des Lycopodes actuels. La figure 160 montre, à droite, la restauration de ces grands arbres cryptogames.

Les *calamites* (fig. 154 et 155) sont aussi des Cryptogames à racines; leur structure et la disposition de leurs rameaux les font comparer aux prêles (fig. 156 et 157) qu'on trouve actuellement dans les terrains humides; mais tandis que les prêles ne dépassent guère 1^m,50, les calamites atteignaient 10 à 15 mètres de hauteur (voy. le milieu de la fig. 160).

115. Houille. — La houille, qui peut se trouver dans le

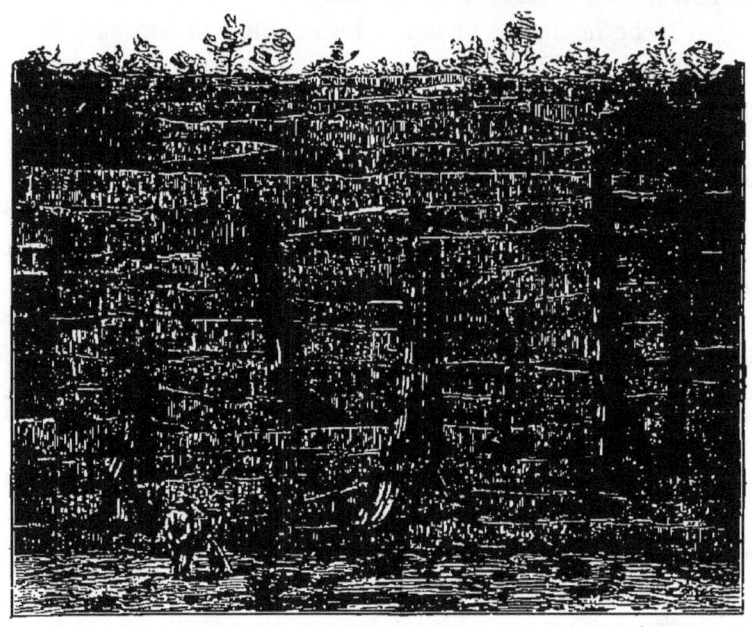

Fig. 158. — Tranchée dans une mine de houille, montrant plusieurs troncs de grands arbres : sigillaires, lépidodendrons, etc., dont les empreintes ont été conservées au milieu des roches.

terrain dévonien, mais qu'on rencontre surtout en abondance

Fig. 159. — Morceau de houille.

dans le terrain carbonifère, est une roche combustible. On reconnaît facilement un morceau de houille (fig. 159) à sa couleur noire, à sa cassure dont les faces brillent à la lumière et à ce qu'il tache les mains en noir. La houille contient 80 à 90 0/0 de charbon pur.

On ne trouve ordinairement aucune empreinte végétale sur la houille elle-même; parfois, cependant, on y observe des écorces de troncs d'arbres carbonisés; mais les schistes qui avoisinent la houille sont très fréquemment couverts de diverses empreintes végétales (fig. 149, 151, 152). On doit admettre que la houille est due à la lente et incomplète décomposition des végétaux, comme la tourbe qui se forme actuellement dans certains marais. La houille est donc une roche d'origine végétale.

116. Autres roches des terrains primaires. —
1° *Roches sédimentaires.* — La plupart des roches des terrains primaires sont des roches schisteuses. On peut citer surtout les ardoises, et en particulier les ardoises d'Angers qui sont dans le Silurien; les grauwackes du Dévonien, roche à la fois argileuse et siliceuse renfermant souvent des empreintes de spirifers. Il y a aussi des roches calcaires, et en particulier les marbres des Pyrénées (marbre griotte, marbre de Campan) qui sont des dépôts dévoniens, et les marbres de Belgique qui appartiennent au terrain carbonifère.

2° *Roches éruptives.* — On peut mentionner surtout les éruptions de porphyres qui (§ 28) ont eu lieu pendant l'époque carbonifère.

117. Parties de la France où les terrains primaires sont à la surface du sol. — Si nous regardons la carte géologique de France (page 235), nous y voyons les terrains primaires indiqués par une teinte gris clair, et le terrain carbonifère qui est marqué par une teinte noire.

Nous pouvons remarquer que les terrains primaires se trouvent à la surface du sol dans l'Ardenne, en Bretagne, en Normandie, et çà et là dans l'Auvergne et dans les Pyrénées.

Les principaux bassins houillers (en noir sur la carte) se rencontrent en Belgique et dans le nord de la France, autour du

Plateau central (Creusot, Blanzy, Saint-Étienne, Alais) ou dans l'intérieur du Plateau central (Decize, Commentry).

Presque partout ailleurs, on peut trouver les terrains primaires au-dessous des terrains plus récents qui les recouvrent complètement.

RÉSUMÉ

Terrains primitifs. — Les terrains primitifs sont formés de roches cristallines, les unes stratifiées (gneiss et micaschistes), les autres éruptives (granits). Ces terrains se trouvent au-dessous de tous les autres.

Les terrains primitifs affleurent à la surface du sol en France : en Bretagne, dans le Plateau central et dans une partie des Alpes et des Pyrénées.

Terrains primaires. — Les terrains primaires sont surtout caractérisés par des fossiles qui se rapportent à des Crustacés marins appelés *Trilobites*.

On peut résumer dans le tableau suivant la division des terrains primaires.

		Fossiles caractéristiques	Roches remarquables.
TERR. PRIMAIRES (Trilobites).	Partie supérieure.. **Carbonifère**	*Productus*...... (Brachiopodes).	Houille.
	Partie inférieure.. **Dévonien**...	*Spirifers*....... (Brachiopodes).	Marbre des Pyrénées.
	Partie moyenne... **Silurien**....	*Graptolithes*.... (Polypiers).	Ardoises d'Angers.

Les terrains primaires reposent sur les terrains primitifs; ils affleurent à la surface du sol en France : dans le Nord, en Bretagne, dans le Plateau central et les Pyrénées; on les rencontre aussi très souvent au-dessous des terrains secondaires.

Principaux animaux et végétaux de l'époque primaire. — Ce que l'on connaît des débris d'animaux ou de végétaux ter-

Fig. 160. — Paysage de l'époque primaire reconstitué d'après les documents fossiles.

restres de l'époque primaire prouve qu'il y avait, pendant cette période de l'histoire du globe, de grandes forêts humides. Là, dominaient de gigantesques Cryptogames en forme d'arbres (sigillaires, lépidodendrons, fougères arborescentes); il s'y trouvait aussi des Gymnospermes (arbres du genre de nos arbres résineux actuels) et des fougères analogues à celles qui poussent maintenant dans les forêts (voy. la figure 160). Les continents ou les îles étaient habités par des Batraciens de diverses formes et par des Reptiles ressemblant aux lézards ou aux crocodiles; il y avait de nombreux Insectes rappelant les formes de ceux qui vivent actuellement; parmi eux se trouvaient quelques espèces de très grande taille.

Les mers et les eaux saumâtres renfermaient de nombreux Poissons dont la plupart étaient comparables aux esturgeons actuels. Certains d'entre eux portaient une sorte de cuirasse de plaques osseuses. Tous avaient pour caractère d'avoir la queue divisée en deux parties très inégales.

Outre ces Poissons, les océans renfermaient encore des formes animales très diverses. C'étaient des Crustacés tels que les énormes ptérygotus et les innombrables formes de trilobites, animaux caractéristiques de l'époque primaire, dont on peut rapprocher les limules actuelles; c'étaient des mollusques et surtout des Brachiopodes (spirifers, productus, etc.) dont les espèces actuelles habitent en général les mers profondes.

On n'a trouvé dans les terrains primaires aucune trace de Mammifères, d'Oiseaux, ni de plantes angiospermes.

On peut résumer dans le tableau suivant les principales formes animales et végétales de l'époque primaire.

I. ANIMAUX DE L'ÉPOQUE PRIMAIRE

		Fossiles remarquables :	Formes actuelles ressemblant à l'espèce fossile :
1. Vertébrés	Reptiles	*Archégosaure*	Lézard et Crocodile.
	Batraciens	*Protriton*	Triton et Salamandre.
	Poissons	*Paléoniscus*	Esturgeon.
2. Articulés	Insectes	Diverses formes voisines des........	Libellules, Blattes, Phasmes.
	Arachnides	*Paléophore*	Scorpion.
	Crustacés	*Trilobites* *Ptérygotus*	Limule.

TERRAINS PRIMAIRES 155

		Fossiles remarquables :	Formes actuelles ressemblant à l'espèce fossile :
3. Mollusques...	Céphalopodes...	*Nautile*...... *Orthoceras*....	Nautile actuel.
	Brachiopodes....	★ *Spirifer*..... ★ *Productus*... *Rhynconelle*...	Brachiopodes actuels.
4. Rayonnés....	Cœlentérés......	★ *Graptolithes*.	Polypes hydraires.
5. Protozoaires..	....	....	du groupe des Foraminifères.

II. VÉGÉTAUX DE L'ÉPOQUE PRIMAIRE

1. **Phanérogames** Gymnospermes.. *Walchia*, etc.. Voisins des Conifères et des Cycadées vivantes.

2. **Cryptogames.** Cryptogames à racines.......
   - *Fougères arborescentes et herbacées.* — Fougères arborescentes et herbacées actuelles.
   - *Lépidodendron* ★ *Sigillaire*... — Lycopode.
   - *Calamite*...... — Prêle.

★ Les fossiles les plus caractéristiques sont marqués d'un astérisque.

Les groupes d'êtres renfermant les fossiles les plus abondants des terrains primaires sont les *Poissons*, les *Trilobites* et les *Cryptogames à racines*.

CHAPITRE XIII

TERRAINS SECONDAIRES

118. Ce qu'on entend par terrains secondaires. — On réunit sous le nom de *terrains secondaires*, toute une série de couches déposées après les terrains primaires et qui se trouvent par conséquent au-dessus d'eux. La plupart de ces dépôts sont marins, ainsi que l'indique la nature des fossiles qu'on y rencontre. Parmi ces fossiles marins, il en est qui caractérisent ces terrains, et qu'on trouve en grande abondance ; ce sont les *ammonites* (fig. 161).

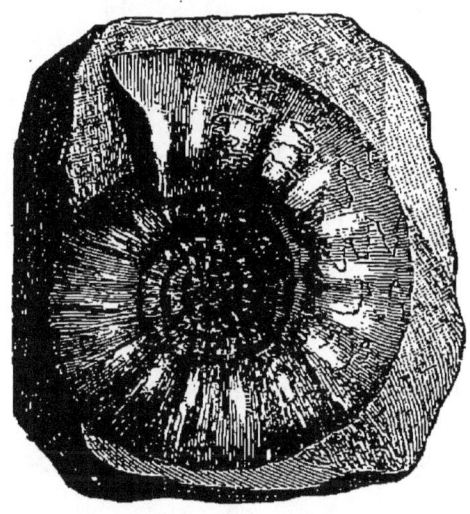

Fig. 161. — Ammonite, Mollusque céphalopode fossile des terrains secondaires ; on voit en partie les lignes sinueuses de raccordement des cloisons avec la surface externe (grandeur naturelle).

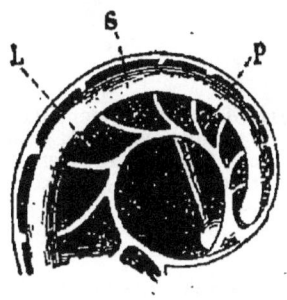

Fig. 162. — Fragment d'une coquille d'Ammonite, coupée en deux vers sa partie centrale : L, une loge ; S, siphon ; P, ligament qui attachait le siphon au fond de la première loge.

Les ammonites ont une coquille enroulée sur elle-même et divisée en loges successives comme celle des nautiles (fig. 146) ;

TERRAINS SECONDAIRES 157

mais le tube nommé siphon, qui fait communiquer la loge centrale avec la loge la plus externe, est placé vers l'extérieur au lieu d'être au milieu comme dans les nautiles. Un des caractères des ammonites, c'est que les cloisons se raccordent avec la partie externe de la coquille par des lignes extrêmement contournées. C'est ce que montre la figure 163, où l'on suppose qu'on a coloré en noir la surface d'une loge L_2 qui se détache alors sur les deux lignes voisines L_1, L_3 ; on voit que les jonc-

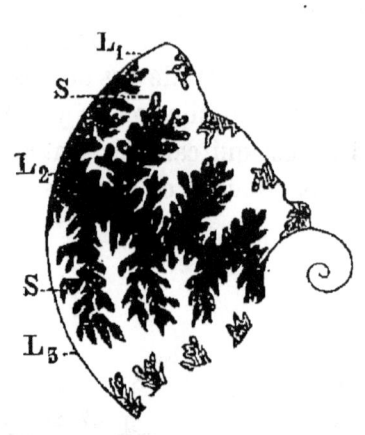

Fig. 163. — Fragment de la coquille d'une Ammonite, montrant comment les cloisons S, S, qui séparent les loges successives L_1, L_2, L_3, se raccordent à la surface extérieure.

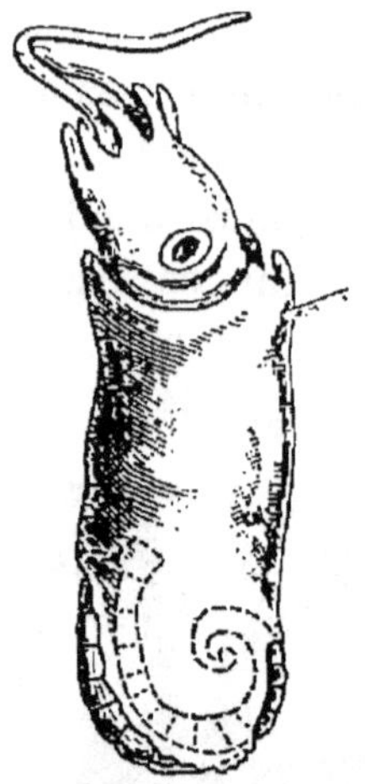

Fig. 164. — Spirule, Mollusque Céphalopode actuel comparable aux ammonites ; long.: 0^m,04.

tions des cloisons S, S, avec la surface extérieure sont extrêmement sinueuses. Ce caractère, joint au contournement de la coquille dont les tours sont serrés, permet de définir une ammonite.

L'animal actuel dont la coquille ressemble le plus aux ammonites, est celle d'un petit Mollusque Céphalopode appelé *spirule* (fig. 164). L'ammonite devait avoir comme la spirule ou comme le poulpe, des yeux très développés, des bras charnus munis de ventouses pour saisir leur proie. Les ammonites vivaient en pleine mer et flottaient probablement à la surface de l'eau ou pouvaient s'enfoncer dans les parties profondes comme le fait le Céphalopode actuel appelé argonaute.

Les ammonites sont en général extrêmement nombreuses dans les terrains secondaires, lesquels d'ailleurs ne renferment plus de trilobites. Comme on ne trouve plus jamais d'ammonites dans les terrains tertiaires, on s'est servi de ces fossiles pour caractériser les terrains secondaires.

Un terrain qui contient des ammonites appartient donc à l'époque secondaire.

119. Division des terrains secondaires. — De même que pour les terrains primaires, on est convenu de diviser les terrains secondaires en trois séries de dépôts; on a établi cette division au moyen de certains fossiles caractéristiques qui correspondent à trois périodes de l'époque secondaire.

Supposons qu'en partant des Vosges, nous traversions la Lorraine et la Champagne pour aller jusqu'à Epernay, en passant par Nancy et Bar-le-Duc.

En étudiant les terrains et les fossiles, soit dans les tranchées des chemins, soit dans les carrières, nous trouvons une série de couches argileuses calcaires ou sableuses, toutes assez régulièrement inclinées et s'enfonçant dans la direction de Paris (fig. 165). Comme ces couches se re-

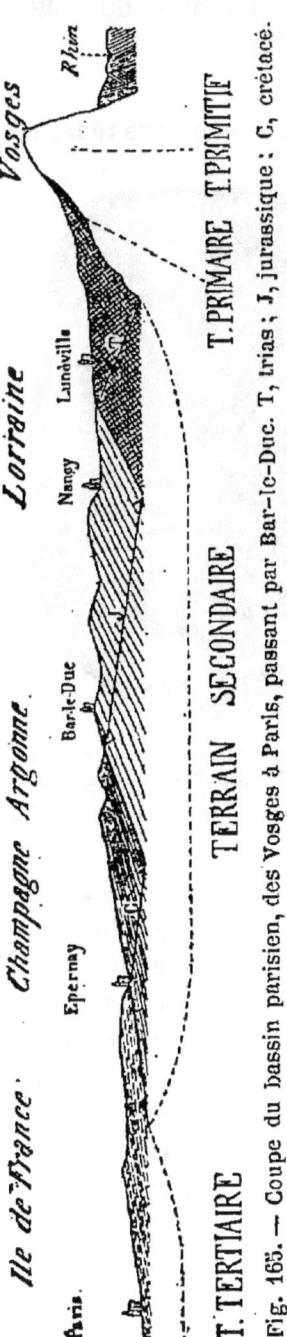

Fig. 165. — Coupe du bassin parisien, des Vosges à Paris, passant par Bar-le-Duc. T, trias ; J, jurassique ; C, crétacé.

couvrent l'une l'autre, il en résulte que les plus anciennes sont du côté des Vosges et les plus récentes du côté d'Epernay.

120. Trias.— Dans les premiers terrains que nous rencontrons entre les Vosges et Lunéville, nous pouvons remarquer des coquilles enroulées qu'on appelle *cératites* (fig. 166); nous ne trouverons plus ces fossiles en nous rapprochant de Paris, en cherchant dans les terrains secondaires plus récents que ceux-là. Les cératites ressemblent aux ammonites par la jonction des cloisons avec la surface extérieure, mais cette jonction y est beaucoup moins contournée.

Ce terrain qui renferme les cératites a été appelé *Trias* (1).

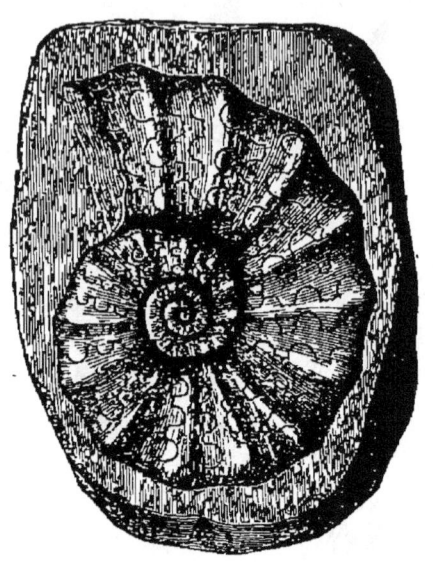

Fig. 166. — Cératite, Mollusque cephalopode fossile du Trias. Largeur : 12 centim.

121. Jurassique. — Continuons notre route vers Paris. Un peu au delà de Lunéville, nous trouverons de nouvelles couches superposées au trias ; ces couches s'étagent régulièrement et obliquement les unes au-dessus des autres jusqu'aux environs de Bar-le-Duc. Dans ces terrains, nous ne voyons plus de cératites, mais il n'est pas rare d'y reconnaître des empreintes ou débris de reptiles marins qu'on appelle *ichthyosaures* (fig. 167). On rencontre par exemple assez fréquemment les vertèbres de ces animaux. Les ichthyosaures étaient des reptiles disposés pour

---

(1) Ce nom vient de ce que les couches de ce terrain sont elles-mêmes très nettement réparties en trois séries de dépôts.

nager dans la mer, à la manière des mammifères cétacés d'aujourd'hui (baleine, dauphin). En effet, leurs pattes sont transformées

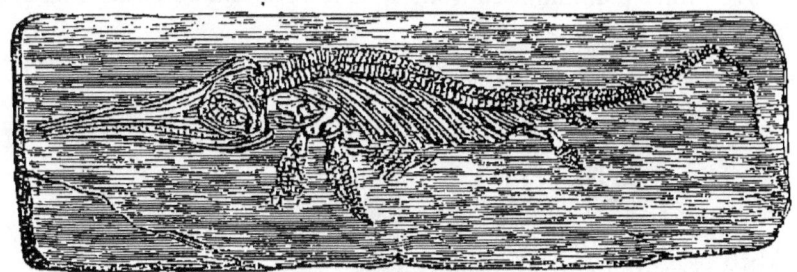

Fig. 167. — Ichthyosaure Reptile marin fossile du Jurassique; long. : 8ᵐ.

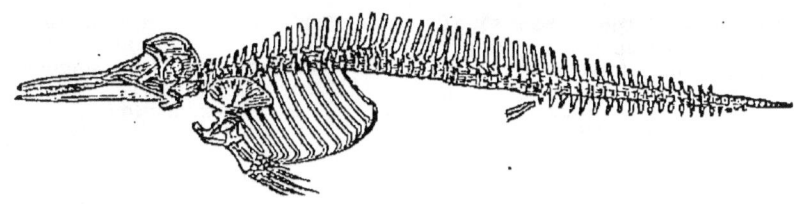

Fig. 168. — Squelette de Dauphin, **Mammifère** marin actuel, comparable par sa forme au Squelette de l'ichthyosaure, **Reptile** marin fossile, long. : 3ᵐ.

en nageoires comme les pattes antérieures du dauphin (fig. 168). Ces reptiles marins pouvaient atteindre jusqu'à 8 mètres de longueur.

On a appelé *Jurassique* (1), la période pendant laquelle se sont opérés les dépôts des terrains qui renferment les débris d'ichthyosaures.

122. Crétacé. — Un peu plus loin que Bar-le-Duc, (fig. 165) en traversant l'Argonne et la Champagne, nous rencontrons des dépôts calcaires et de grandes masses de craie où

---

(1) Ce nom vient du Jura, région où les terrains déposés à cette époque sont très abondants.

l'on peut trouver de singulières coquilles de céphalopodes appelés *scaphites* (fig. 169); ces coquilles sont constituées comme des coquilles d'ammonites dont le tour extérieur se serait déroulé

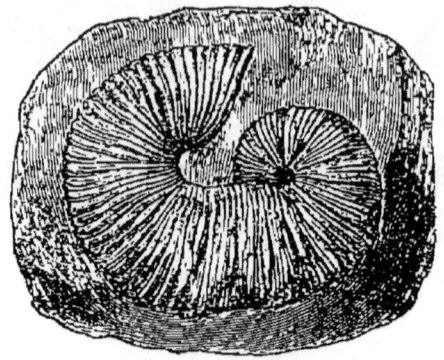 

Fig. 169. — Scaphite, Mollusque Céphalopode fossile du Crétacé du groupe des ammonites (grandeur naturelle).

Fig. 170. — Figure théorique de scaphite montrant que les cloisons sont très sinueuses sur les bords, comme dans les ammonites (on a coloré en noir l'intervalle entre deux cloisons).

et renflé en forme de crosse; le raccordement des cloisons avec la surface est très sinueux comme chez les ammonites (fig. 163).

Ces dernières assises du terrain secondaire forment le *Crétacé* (1).

En résumé, nous pouvons établir de la manière suivante les dispositions des différentes couches des terrains secondaires :

Au-dessus : Terrains tertiaires, quaternaires ou aucun dépôt.

TERRAINS SECONDAIRES (Ammonites).
- Partie supérieure..... **Terrain crétacé**....... (Scaphites).
- Partie moyenne...... **Terrain jurassique** .. (Ichthyosaures).
- Partie inférieure..... **Terrain du Trias**..... (Cératites).

Au-dessous : Terrains primaires ou terrains primitifs.

---

(1) Ce nom vient de la craie qui constitue une grande partie de ce terrain dans le bassin de Paris.

123. Animaux fossiles des terrains secondaires.

— 1° *Vertébrés de l'époque secondaire.* — On a trouvé des débris de Mammifères dans les terrains secondaires : ce sont

Fig. 171. — Mâchoire de phascolothérium, Marsupial fossile de l'époque secondaire (double de grandeur naturelle).

Fig. 172. — Myrmécobie, Marsupial actuel d'Australie, comparable au phascolothérium (1/5 de grandeur naturelle).

des *Marsupiaux*. Tous les mammifères vivants originaires d'Australie appartiennent à ce groupe par leurs squelettes et par leurs dents ; ils sont comparables aux mammifères fossiles des terrains crétacés. On peut citer le *phascolothérium* dont la figure 171 représente une mâchoire fossile. L'animal actuel qui lui ressemble le plus est le myrmécobie (fig. 172).

Les Oiseaux dont on a trouvé les restes dans le Crétacé sont

Fig. 173. — Archéoptéryx, Oiseau fossile de l'époque secondaire (1/5 de grandeur naturelle).

souvent remarquables par leurs caractères intermédiaires entre ceux des Reptiles et ceux des Oiseaux actuels. L'un des plus dignes d'attention est l'*archéoptéryx* (fig. 173). Sa queue était allongée et portait des plumes de chaque côté, les pattes avaient

Fig. 174. — Ichtyornis, Oiseau fossile de l'époque secondaire (1/4 gr. nat.)

la forme caractéristique de celles des Oiseaux, mais le bec était

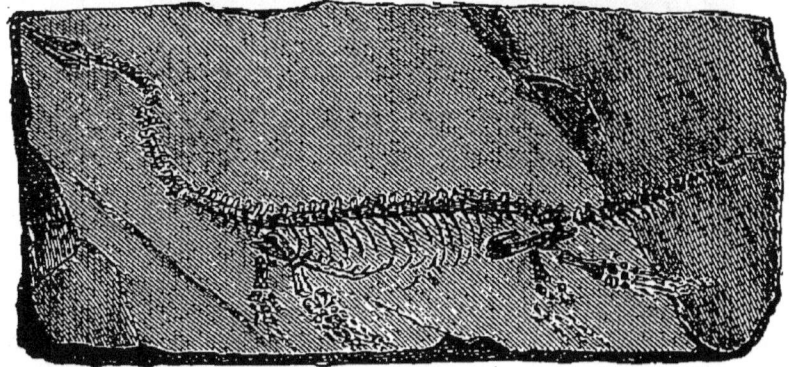

Fig. 175. — Plésiosaure, Reptile marin fossile de l'époque secondaire; long. : 3^m,50.

armé de dents. D'autres Oiseaux, comme l'*Ichthyornis*, étaient nageurs, à ailes peu développées, et avaient également les mâchoires munies de nombreuses dents (fig. 174).

Les Reptiles semblent avoir atteint le maximum de leur développement pendant l'époque secondaire. Parmi les Reptiles marins dont les membres sont transformés en nageoires, nous avons déjà cité les ichthyosaures, dont la figure 167 représente le sque-

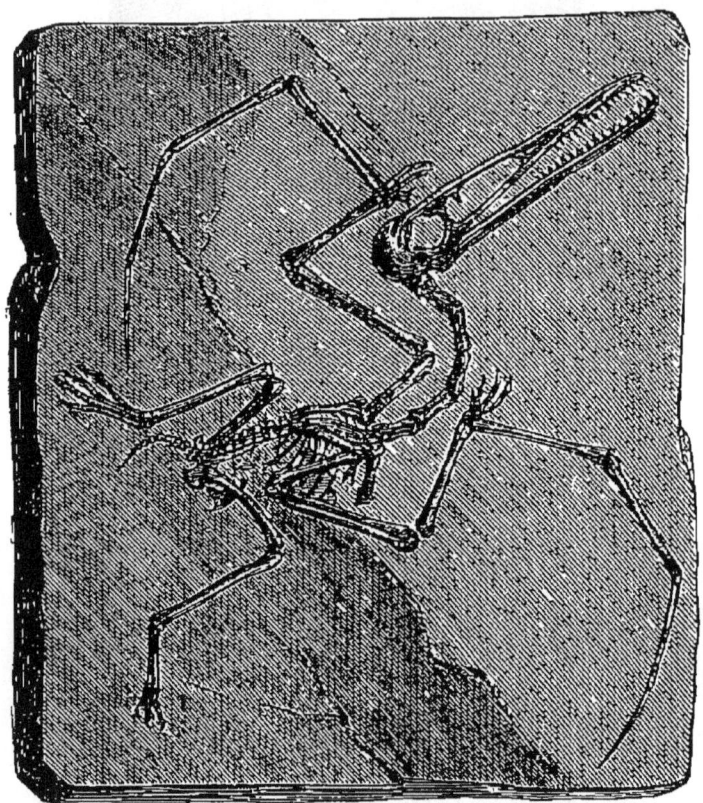

Fig. 176. — Ptérodactyle, Reptile volant fossile de l'époque secondaire ; (1/4 de grandeur naturelle).

lette complet. Ces reptiles sont caractérisés par leur cou très court, leurs yeux très gros entourés de plaques osseuses et leurs mâchoires allongées.

Les *plésiosaures* (fig. 175) étaient des reptiles marins voisins des ichthyosaures. Ils en différaient par leur tête relativement petite, par leur cou très allongé et par leurs mâchoires assez courtes.

Fig. 177. — Ptérodactyle restauré.

D'autres Reptiles de petite taille avaient les membres disposés

Fig. 178. — Téléosaure, Reptile fossile de l'époque secondaire (1/26 de grandeur naturelle).

Fig. 179. — Gavial, Reptile actuel comparable au téléosaure; long. : 6^m.

pour voler, à la manière des chauves-souris parmi les Mammifères actuels ; tels sont les *ptérodactyles* (fig. 176 et 177). Chez

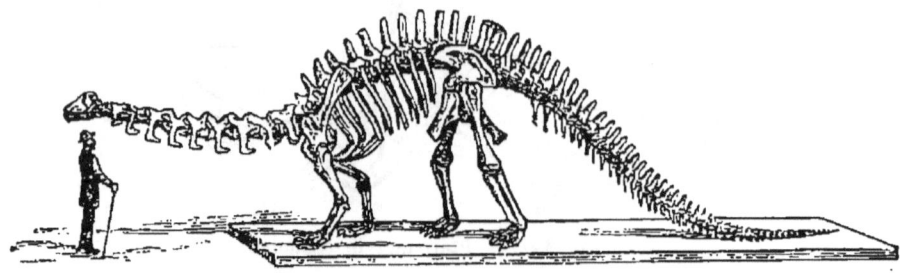

Fig. 180. — Brontosaure, Reptile fossile secondaire ; long. : 18 mètres.

ces Reptiles, l'aile n'était pas soutenue par quatre doigts, comme

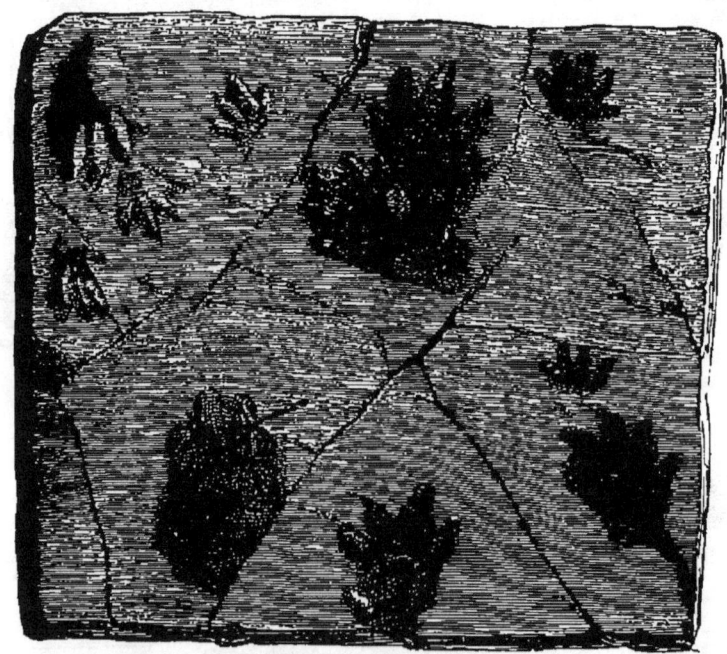

Fig. 181. — Empreintes de pas de labyrinthodon, Reptile fossile de l'époque secondaire (1/10 de grandeur naturelle).

chez la chauve-souris, mais par un seul doigt démesurément allongé; ce doigt allongé correspond au petit doigt de l'homme.

Parmi les Reptiles secondaires aux formes très variées, on peut citer encore les *téléosaures* (fig. 178) comparables au gavial actuel (fig. 179) et d'autres Reptiles plus grands, tels que le *brontosaure* qui avait 18 mètres de longueur (fig. 180).

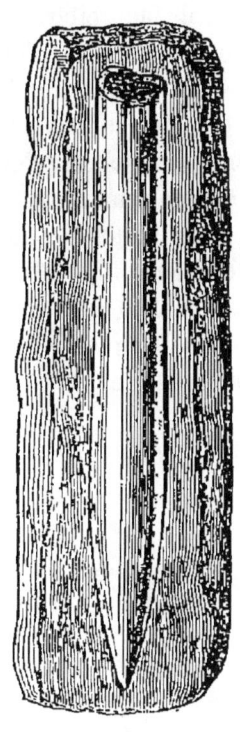 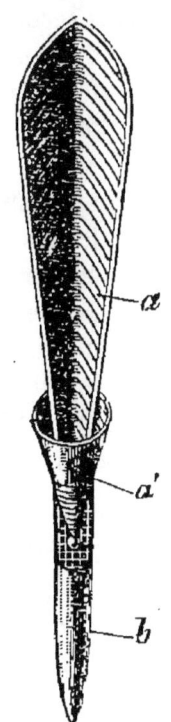 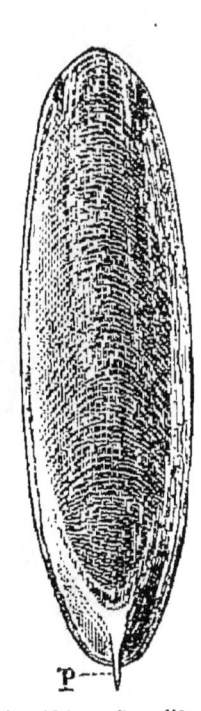

Fig. 182. — Pointe de bélemnite, telle qu'on la trouve ordinairement à l'état fossile (Mollusque céphalopode de l'époque secondaire).

Fig. 183. — Coquille complète de bélemnite : *a*, plume cornée; *a'*, cône cloisonné; *b*, pointe calcaire.

Fig. 184. — Coquille de seiche; *p*, pointe comparable à la pointe des bélemnites; long.: 0^m,12.

Parmi les Batraciens, on trouve les *labyrinthodons*, dont on rencontre fréquemment l'empreinte fossile des pas, dans les dépôts du Trias (fig. 181).

Parmi les Poissons, ceux dont la queue est formée de deux parties égales deviennent beaucoup plus nombreux que les Poissons à queue inégale qu'on trouvait dans les terrains primaires.

2° *Articulés de l'époque secondaire.* — Les fossiles d'animaux du groupe des Articulés que l'on a trouvés dans les terrains secondaires ne présentent pas de formes remarquables ou caractéristiques qui méritent d'être signalées.

3° *Mollusques de l'époque secondaire.* — Parmi les très nombreux Mollusques des terrains secondaires, il faut citer, à côté des ammonites (fig. 161) d'autres fossiles que l'on trouve très habituellement, ce sont les *bélemnites*.

Les bélemnites, telles qu'on les rencontre ordinairement à l'état fossile, sont des sortes de pointes en forme de cigare (fig. 182); ces pointes appartenaient à la coquille interne de Mollusques Céphalopodes voisins de la seiche (fig. 186).

A l'intérieur des seiches, on

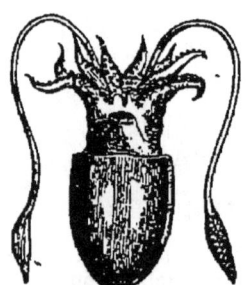

Fig. 185. — Bélemnite restaurée : *c*, partie principale du corps ; *b*, pointe ; *t*, tête ; *b'*, bras.

Fig. 186. — Seiche, Mollusque céphalopode actuel, comparable aux bélemnites ; long. : 0^m,20.

trouve une coquille dure connue vulgairement sous le nom d'os de seiche ou de biscuit de mer (fig. 184) qu'on met dans les cages d'oiseaux afin qu'ils y aiguisent leur bec. Ces os de seiche se terminent par une petite pointe *p* qui correspond à la pointe d'une bélemnite. On a trouvé, en effet, des pointes de bélemnites tenant au reste de la coquille permettant de reconstituer la coquille complète d'une bélemnite (fig. 183) et par suite de restaurer l'animal complet (fig. 185). On sait même que

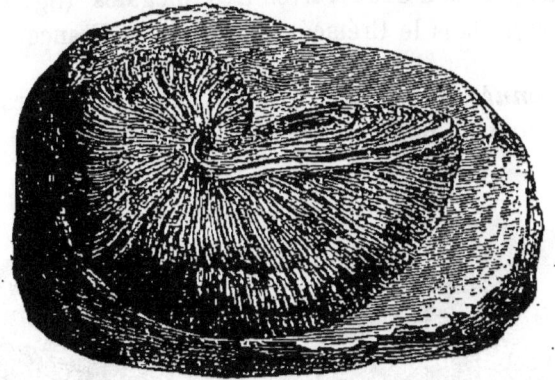

Fig. 187. — Gryphée arquée, Mollusque acéphale fossile du terrain jurassique ; long. : 0^m,08.

ces animaux possédaient une poche à encre comme les seiches actuelles, car on a retrouvé une bélemnite fossilisée dont la substance noire était en partie conservée.

 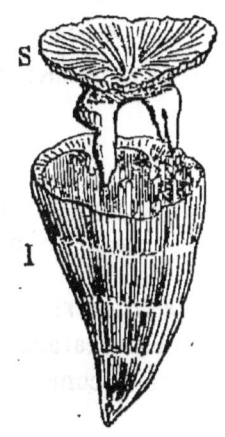

Fig. 188. — Hippurite, Mollusque fossile de l'époque secondaire ; long. : 0^m,15.

Fig. 189. — Hippurite dont on a séparé les deux valves.

Certains Mollusques acéphales sont caractéristiques ; telle est la *Gryphée arquée* (fig. 187), sorte d'huître à deux valves très inégales ; les gryphées arquées sont abondantes dans les couches inférieures du Jurassique ; tels sont aussi les *hippurites*, autres acéphales à deux valves très inégales (fig. 188 et 189), qu'on trouve dans le Crétacé du midi de la France.

4° *Rayonnés de l'époque secondaire*. — Parmi les Rayonnés, citons surtout de nombreux oursins dont on trouve la carapace

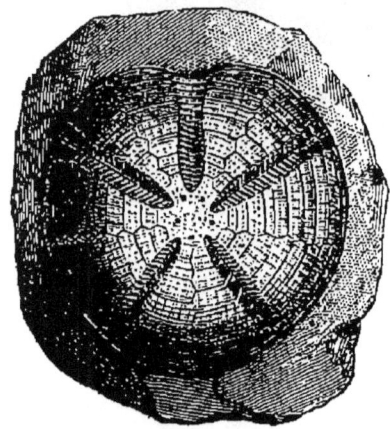 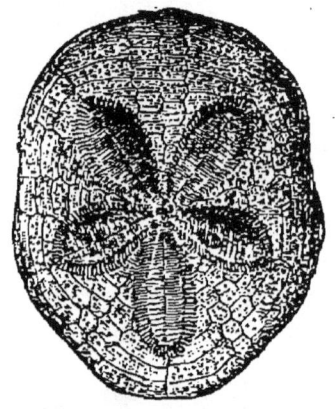

Fig. 190. — Micraster, Échinoderme fossile de l'époque secondaire (2/3 de grandeur naturelle).

Fig. 191. — Carapace d'Échinoderme actuel dépouillée de ses piquants, comparable au micraster (1/2 de grandeur naturelle).

fossile portant la cicatrice des piquants ; tels sont les *micrasters* du terrain crétacé (fig. 190 ; comparez à la figure 191).

5° *Protozoaires de l'époque secondaire*. — Il faut citer de très nombreuses carapaces de rhizopodes et de foraminifères dont les débris accumulés forment la partie la plus importante de la craie.

124. Végétaux fossiles des terrains secondaires.
— 1° *Phanérogames de l'époque secondaire*. — Dans la partie supérieure du terrain crétacé, on remarque au milieu des dépôts formés par les eaux douces, de nombreuses empreintes de

feuilles que leur forme fait sans nul doute reconnaître comme

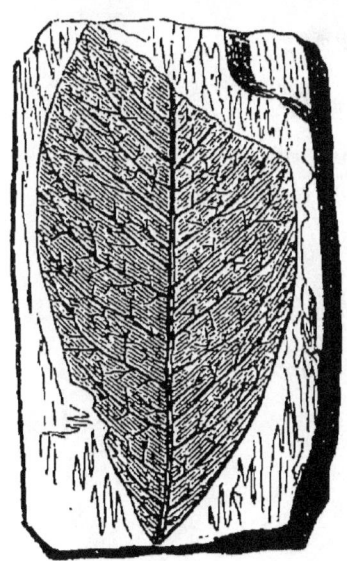 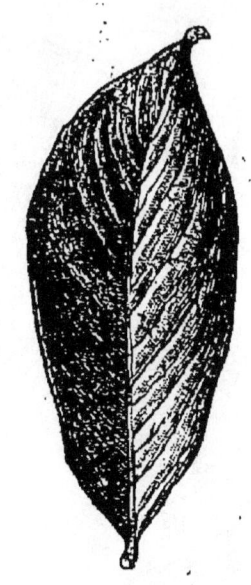

Fig. 192. — Empreinte de feuille de magnolia de l'époque secondaire (1/2 de grandeur naturelle).

Fig. 193. — Feuille de magnolia actuel, comparable au magnolia de la fig. 192 (1/3 de grandeur natur.)

appartenant à des Angiospermes dicotylédones ; en comparant la

Fig. 194. — Gland de chêne fossile de l'époque secondaire (grandeur naturelle).

Fig. 195. — Gland de chêne actuel, comparable au chêne fossile de la fig. 194 (grandeur naturelle).

forme et les nervures de ces feuilles à celles des feuilles des végétaux vivants, on peut arriver à déterminer approximativement les végétaux qui ont produit ces empreintes ; c'est ainsi qu'on

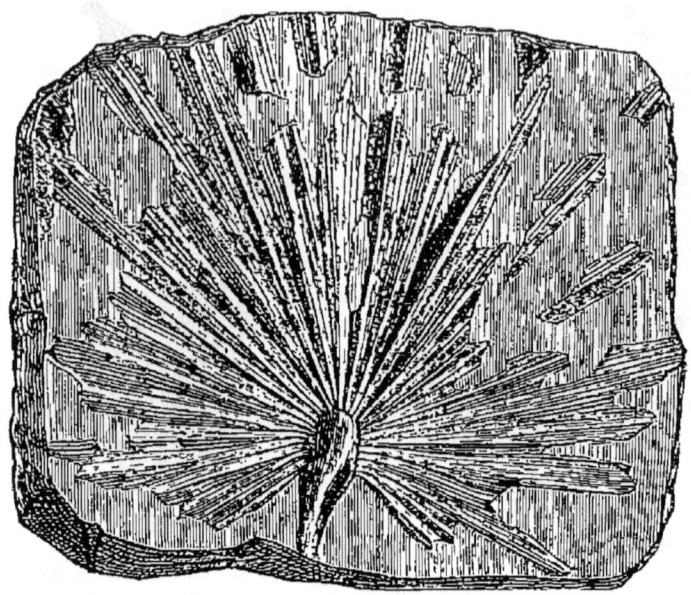

Fig. 196. — Feuille de palmier fossile de l'époque secondaire (1/5 de grandeur naturelle).

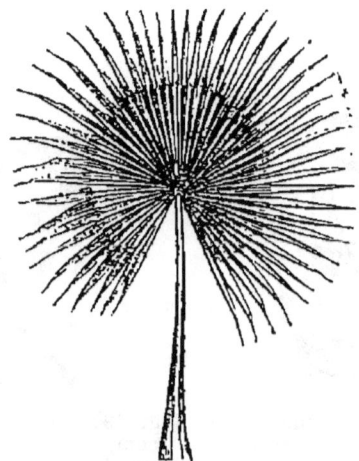

Fig. 197. — Feuille de palmier actuel (1/20 de grandeur naturelle).

reconnaît des *saules*, des *peupliers*, du *lierre*, des *magnolias*

10.

(fig. 192 ; comparez avec la fig. 193), des *érables* ; dans d'autres cas, on a découvert des fruits fossiles tels que ceux de chênes (fig. 194; comparez à la fig. 195) ; parfois on a reconnu aussi des Monocotylédones dont les plus abondants sont les *palmiers* (fig. 196 ; comparez à la fig. 197) et les *bambous*.

Dans le Trias et dans le Jurassique ce sont les Gymnospermes

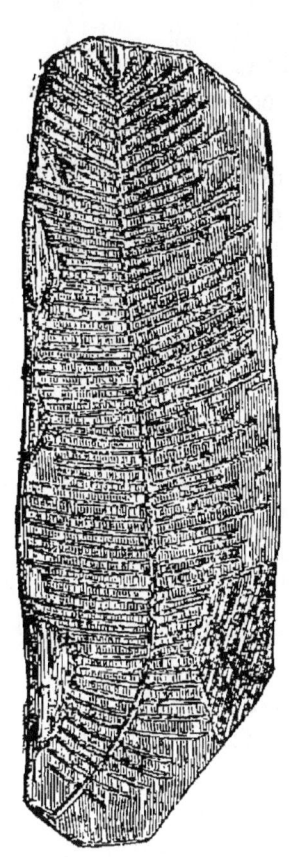

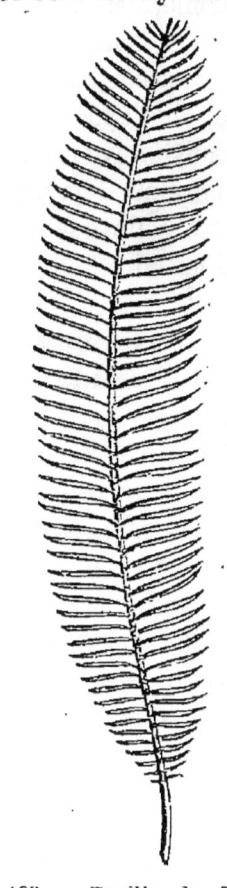

Fig. 198. — Feuille de ptérophyllum, Cycadée fossile de l'époque secondaire (1/6 de grandeur natur.).

Fig. 199. — Feuille de Cycadée actuelle, comparable à la feuille de ptérophyllum (1/10 de grandeur naturelle).

qui dominent ; à côté des Conifères, on y rencontre en abondance des Cycadées, dont les espèces actuelles sont limitées aux régions tropicales; citons le *ptérophyllum* (fig. 198; comparez à la fig. 199).

2° *Cryptogames de l'époque secondaire*. — On rencontre encore dans le Trias des fougères, des calamites et des prêles (fig. 200) en grande abondance ; mais dans les dépôts secondaires plus récents les plantes cryptogames sont moins nombreuses.

En somme, les végétaux fossiles que l'on remarque dans les parties inférieures des dépôts secondaires, rappellent beaucoup ceux de l'époque primaire. Au contraire, dans la partie supérieure du Crétacé, la flore est déjà presque aussi développée que celle que nous trouverons à l'époque tertiaire.

Fig. 200. — Empreinte de prêle, Cryptogame fossile de l'époque secondaire (1/2 de grand. natur.).

125. Principales roches des terrains secondaires. — 1° *Roches stratifiées*. — Le Trias est remarquable par l'abondance de roches salines conservées à l'abri de l'eau entre des couches de marnes ; ce sont surtout le gypse et le sel gemme (§ 20). Ces dépôts sont exploités dans les Vosges. Beaucoup de sédiments triasiques sont formés de grès (§ 24), parmi lesquels on peut citer le grès vosgien, qui est un grès ferrugineux servant comme pierre de construction.

Dans le Jurassique, se trouvent des dépôts de calcaire et d'argile ; un calcaire argileux sert à fabriquer le ciment (§ 18) connu sous le nom de ciment de Vassy ; on exploite aussi certains calcaires du Jurassique comme pierres lithographiques (§ 11). Le terrain jurassique contient également d'importants minerais de fer.

Ce sont encore des roches de même nature qu'on rencontre en abondance dans les sédiments crétacés. Les couches supérieures du Crétacé sont surtout formées par de la craie (§ 8) Dans certaines couches du Crétacé, particulièrement dans la Meuse et le Pas-de-Calais, on trouve des masses arrondies irrégulières formées de phosphate de chaux. On exploite ces nodules de phosphate pour fabriquer des engrais chimiques utilisés en grand par l'agriculture.

2° *Roches éruptives.* — On trouve des roches éruptives correspondant à la période du Trias. Ce sont des porphyres et des mélaphyres (roches noirâtres analogues au basalte).

126. Parties de la France où les terrains secondaires sont à la surface du sol. — On peut voir sur la carte géologique (p. 235) quelles sont les parties de la France où le Trias se trouve à la surface ; les affleurements de ce terrain y sont indiqués par une teinte violette. C'est principalement dans les Vosges, puis au nord et au nord-est du Plateau central et en Provence qu'on observe les affleurements triasiques.

Quant au terrain jurassique, on remarque facilement que l'affleurement de ses sédiments (couleur bleue sur la carte) se produit tout autour du Plateau central, limitant le bassin de l'Aquitaine, le bassin du Rhône et le bassin de Paris. Ces dépôts étant des dépôts marins, on voit qu'à l'époque jurassique la mer occupant le bassin de l'Aquitaine communiquait avec la mer occupant le bassin de Paris par un détroit situé au point où se trouve actuellement Poitiers (voy. la carte géologique). De même, la mer occupant le bassin du Rhône communiquait avec la mer occupant le bassin de Paris par un détroit situé à l'endroit où se trouve maintenant Dijon.

Ces dépôts ayant émergé en partie à la fin de la période jurassique, les sédiments crétacés, dont les affleurements sont indiqués sur la carte par la teinte jaune, sont presque partout moins étendus que les dépôts jurassiques La teinte bleue de la carte indique donc la partie des terrains jurassiques qui ne sont pas recouverts par le crétacé ; la teinte jaune de la carte indique les dépôts crétacés qui se sont déposés sur les terrains jurassiques. Les dépôts crétacés se sont alors déposés dans trois grands golfes : le golfe du bassin de Paris, le golfe du bassin de l'Aquitaine et le golfe du bassin du Rhône. Il y avait alors une sorte d'isthme vers l'endroit où est Poitiers, et un autre à l'endroit où se trouve actuellement Dijon.

En effet, ce n'est pas seulement aux endroits où il affleurent qu'on trouve les dépôts jurassiques et crétacés, c'est presque partout, au-dessous des terrains tertiaires.

La figure 165 qui représente la coupe verticale des terrains du bassin de Paris, montre nettement cette disposition, comparable à celle de cuvettes emboîtées les unes dans les autres ; on y voit la superposition du Crétacé sur le Jurassique et la superposition du Tertiaire sur le Crétacé.

RÉSUMÉ

Terrains secondaires. — Les terrains secondaires sont surtout caractérisés par des coquilles marines de Mollusques Céphalopodes appelés *ammonites*.

On peut résumer dans le tableau suivant la division des terrains secondaires :

			Fossiles caractéristiques.	Roches remarquables.
TERR. SECONDAIRES (Ammonites)	Partie supérieure..	**Crétacé**.....	*Scaphites*....... (Céphalopodes).	Craie ; nodules de phosphate de chaux.
	Partie moyenne...	**Jurrassique**	*Ichthyosaures*... (Reptiles.)	Ciment de Vassy ; minerais de fer.
	Partie inférieure..	**Trias**.......	*Cératites*........ (Céphalopodes).	Gypse et sel gemme : grès vosgien.

Les terrains secondaires reposent sur les terrains primaires ou sur les terrains primitifs ; ils affleurent en France autour du bassin de Paris, du bassin de l'Aquitaine et du bassin du Rhône.

Principaux animaux et végétaux de l'époque secondaire. — La végétation des continents était très différente au commencement et à la fin de l'époque secondaire.

Pendant les périodes du Trias et du Jurassique, croissaient encore beaucoup de Cryptogames tels que les fougères, et il y avait de grandes prèles et d'autres formes rappelant celles de l'époque primaire ; mais les Gymnospermes, et en particulier les Cycadées, étaient plus nombreuses. Pendant la période crétacée et surtout vers la fin de cette période, on voit, d'après les débris fossiles, que la flore était beaucoup plus variée et que les plantes supérieures présentaient déjà des formes très variées (fig. 201).

Les continents étaient habités par beaucoup d'espèces animales dont les plus remarquables et les plus abondantes appartiennent aux Reptiles. Ce sont les curieux ptérodactyles volant comme des chauves-souris, les labyrinthodons déjà apparus à l'époque primaire, les téléosaures analogues aux crocodiliens, et des reptiles gigantesques comme les broutosaures. Les oiseaux, dont on n'a pas trouvé de débris au-dessus des terrains secondaires, étaient représentés par de nombreuses formes, telles que l'archéoptéryx à longue queue garnie de plumes ou l'ichtyornis dont les mâchoires étaient garnies de dents.

On trouve aussi dans les terrains secondaires les premiers fossiles se rapportant à des Mammifères ; ce sont tous des Mammifères marsupiaux comparables à ceux qui habitent actuellement l'Australie.

D'autres Reptiles, souvent de grande taille, étaient adaptés à la vie marine, comme les cétacés parmi les mammifères actuels ; c'étaient les ichthyosaures à la tête énorme et les plésiosaures au cou très allongé.

Les océans où nageaient ces grands Reptiles et où se trouvaient des poissons, dont beaucoup étaient à queue symétrique, renfermaient aussi beaucoup d'invertébrés. Il y avait surtout, à cette époque, des Céphalopodes : les innombrables espèces d'ammonites et de bélemnites peuplaient les mers. Les ammonites ont laissé comme fossiles leurs coquilles enroulées à loges successives séparées par des cloisons dont la jonction avec la surface de la coquille est extrêmement sinueuse ; c'étaient des Mollusques voisins des spirules actuelles. Les bélemnites telles qu'on les trouve ordinairement à l'état fossile sont des pointes correspondant à l'extrémité de la coquille interne de Céphalopodes voisins des seiches actuelles.

D'autres Céphalopodes du groupe des ammonites, ainsi que des Acéphales, des Echinodermes et des myriades de petits Rhizopodes ou de Foraminifères peuplaient encore les océans de l'époque secondaire.

On peut résumer dans le tableau suivant les principales formes animales et végétales de l'époque secondaire.

Fig. 201. — Paysage de l'époque secondaire reconstitué d'après les documents fossiles.

I. ANIMAUX DE L'ÉPOQUE SECONDAIRE

		ESPÈCES FOSSILES remarquables.	ESPÈCES ACTUELLEMENT vivantes du même groupe ou ressemblant à l'espèce fossile.
1. Vertébrés	Mammifères	*Phascolothérium*, etc.	Myrmécobie et Marsupiaux d'Australie.
	Oiseaux	*Archéopteryx*, *Ichthyornis*	Oiseaux se rapprochant des Reptiles par plusieurs caractères.
	Reptiles	★ *Ichthyosaure*, *Plésiosaure*	Reptiles plus ou moins comparables par leur organisation aux Mammifères cétacés actuels.
		Ptérodactyle	Reptiles qui pouvaient voler.
		Téléosaure	Gavial.
		Brontosaure	Reptile terrestre ayant près de 20^m de longueur.
	Batraciens	*Labyrinthodon*	Batraciens voisins des Reptiles.
	Poissons		Ceux dont la queue est à deux parties égales sont les plus nombreux.
2. Articulés	(Peu de formes remarquables.)		
3. Mollusques	Céphalopodes	★ *Bélemnite*	Seiche.
		★ *Ammonite*, ★ *Cératite*, ★ *Scaphite*	Spirule.
	Acéphales	*Gryphée*	Huître.
4. Rayonnés	Echinodermes	*Micraster*	Oursin.
5. Protozoaires	Rhizopodes et Foraminifères		analogues à ceux qui se déposent actuellement au fond des mers.

II. VÉGÉTAUX DE L'ÉPOQUE SECONDAIRE.

1. Phanérogames	Angiospermes dicotylédones	Erable......... Peuplier...... Saule......... Chêne........ Magnolia, etc..	Analogues aux espèces vivantes des mêmes genres.
	Angiospermes monocotylédones	Palmier...... Bambou.......	Analogues aux espèces vivantes du même genre.
		Pins et autres conifères...	Analogues aux conifères actuels.
	Gymnospermes .	* *Ptérophyllum* et autres cycadées	Comparables aux Cycadées vivantes de la région tropicale.
2. Cryptogames	Cryptogames à racines	Calamites.... Prêles........ Fougères......	Comparables aux Prêles actuels.
	Cryptogames sans racines ..	Algues marines	Comparables aux formes vivantes.

* Les fossiles les plus caractéristiques sont marqués d'un astérisque.

Les groupes d'êtres comprenant les fossiles les plus abondants des terrains secondaires sont les *Reptiles*, les *Mollusques Céphalopodes*, et les *Cycadées*.

CHAPITRE XIV

TERRAINS TERTIAIRES

127. Ce qu'on entend par terrains tertiaires. — On réunit sous le nom de *terrains tertiaires* une série de dépôts formés après les terrains secondaires et qui se trouvent par conséquent au-dessus d'eux.

Le plus grand nombre des terrains de cette époque, qu'on peut étudier à la surface du sol de la France, sont des dépôts marins de mers peu profondes; c'est ce qu'indique la nature des coquilles qu'on y trouve; ces coquilles sont assez semblables à celles qu'on peut voir actuellement sur nos côtes.

Parmi ces fossiles marins, les plus abondants sont les cé-

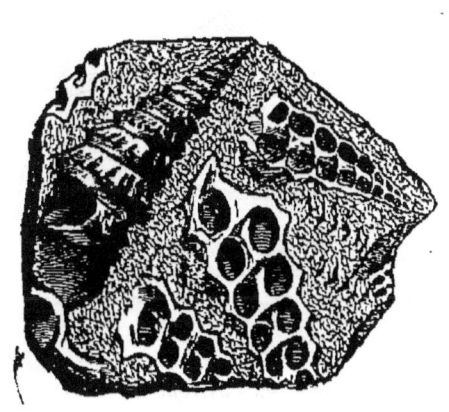 

Fig. 202. — Cérithes, Mollusques Gastéropodes fossiles de l'époque tertiaire (grandeur naturelle).

Fig. 203. — Cérithe actuel, comparable aux cérithes fossiles (grandeur naturelle).

rithes (fig. 202); et quoiqu'il existe encore des espèces vivantes du même genre (fig. 203), on peut se servir de leur présence pour caractériser les terrains tertiaires. Les cérithes sont des Gastéropodes marins à coquille enroulée, en forme de cône aigu, et dont l'ouverture assez large se termine par un petit canal allongé. Il y a beaucoup d'espèces de cérithes dans les terrains tertiaires, les uns de petite taille, d'autres de taille moyenne ; certaines espèces pouvaient atteindre 75 centimètres de longueur, comme le cérithe géant, qu'on trouve dans le calcaire grossier des environs de Paris.

Les cérithes sont ordinairement nombreux dans tous ces dépôts où l'on ne rencontre plus ni ammonites ni bélemnites.

En général, un terrain où l'on trouve des coquilles de cérithes fossiles et qui ne renferme ni ammonites ni bélemnites est un terrain de l'époque tertiaire.

128. Division des terrains tertiaires. — De même qu'on l'a fait pour les terrains primaires et les terrains secon-

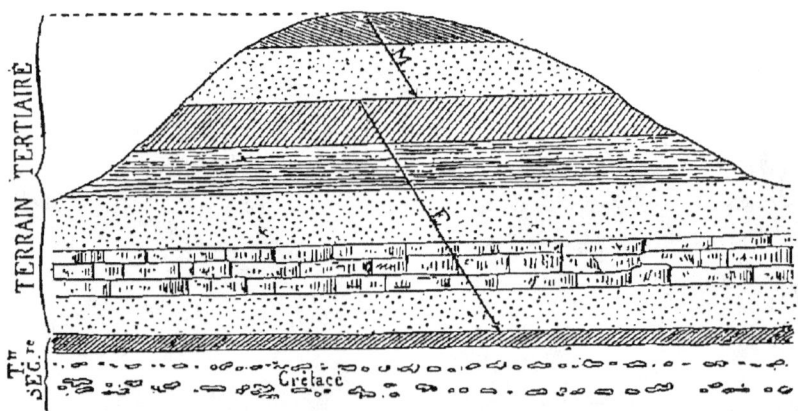

Fig. 204. — Coupe théorique des terrains tertiaires aux environs de Paris : E, éocène ; M, miocène.

daires, on est convenu de diviser les terrains tertiaires en trois séries de dépôts qui correspondent à trois périodes de l'époque tertiaire.

Si nous continuons notre voyage des Vosges à Paris (page 158) nous trouvons à partir d'Epernay des terrains qui reposent sur le crétacé, dernier dépôt où nous avons pu rencontrer des

Fig. 205. — Paléothérium, Mammifère fossile de l'Éocène ; haut. : 1 mètre.

bélemnites. Ces terrains, dont les couches sont toujours disposées obliquement par rapport aux précédents, sont surtout formés par des sables et par des calcaires dans lesquels on voit de nombreuses coquilles de cérithes.

TERRAINS TERTIAIRES   185

Nous pouvons, en général, remarquer qu'à mesure que nous nous rapprochons de Paris, les couches du terrain tertiaire sont de moins en moins inclinées, et deviennent même presque horizontales dans le voisinage de Paris (fig. 204).

129. Éocène. — Outre les calcaires et les sables, on trouve dans ces terrains de grandes masses de gypse qui ont été protégées contre l'action de l'eau par des couches de

Fig. 206. — Paléothérium restauré ; haut. : 1 mètre.

Fig. 207. — Tapir, Mammifère actuel comparable au paléothérium ; haut. : 0^m,80.

marne et d'argile. C'est dans ce gypse que l'on a découvert des ossements très remarquables appartenant à des mammifères : un de ces mammifères est le *paléothérium* (fig. 205 et 206) dont les tapirs d'Afrique et d'Asie (fig. 207) sont les animaux actuels les plus voisins. En effet, les pattes de derrière du tapir et du paléothérium se terminent chacune par trois doigts disposés sensiblement de la même manière (fig. 208 et 209). On a pu

Fig. 208. — Pied de paléotherium fossile.

Fig. 209. — Pied de tapir comparable à celui du paléothérium.

reconnaître par la forme des os de la face que celle-ci devait se prolonger par une courte trompe.

L'ensemble des couches déposées depuis le crétacé jusqu'aux marnes supérieures au gypse forme ce qu'on appelle le *terrain éocène* (E, fig. 204); ce terrain est caractérisé par le paléothérium ainsi que par plusieurs autres mammifères qui lui ressemblent plus ou moins.

130. Miocène. — Sur les côteaux ou sur les plateaux qui s'élèvent autour de Paris, on peut encore trouver une série de couches supérieures au gypse (M, fig. 204) et qui sont habituellement formées par une masse de sables comprise entre deux dépôts de meulière. L'ensemble de ces dernières couches constitue le *terrain miocène*. Ce terrain peut se définir dans le bassin de Paris par un certain nombre d'espèces de cérithes, et d'une manière plus caractéristique encore par les débris d'un

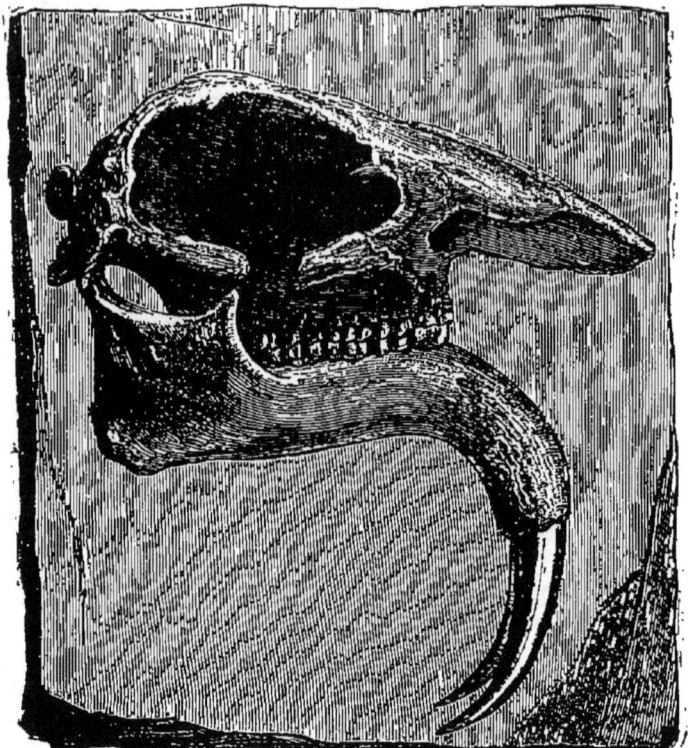

Fig. 210. — Tête de dinothérium, Mammifère fossile du Miocène (1/12 de grandeur naturelle).

Fig. 211. — Dinothérium restauré, hauteur : 4 mètres.

mammifère qu'on trouve dans quelques régions de la France ; ce mammifère est le *dinothérium*, animal qui ressemblait à l'éléphant, mais dont les défenses se trouvaient à la mâchoire inférieure (fig. 210 et 211).

131. Pliocène. — Dans certaines parties de la France, sur le Plateau central par exemple, on remarque des couches de terrain tertiaire plus récentes encore que celle du miocène ; on les caractérise surtout par les débris d'un autre mammifère qui ressemble beaucoup au cheval et qu'on appelle *hipparion*

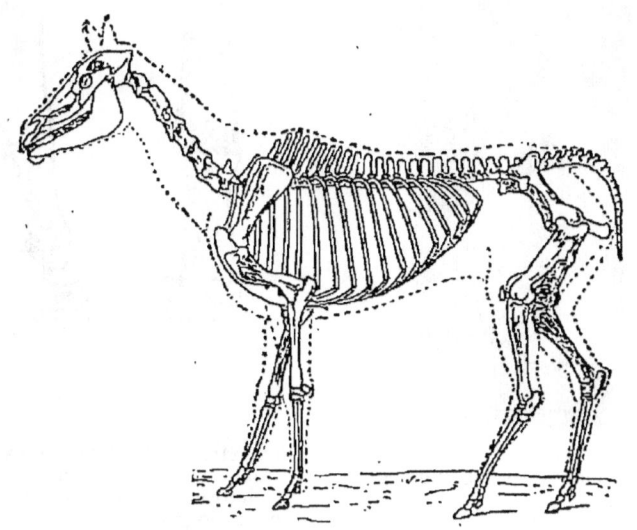

Fig. 212. — Hipparion (squelette et contour de l'animal restauré), Mammifère fossile du Pliocène ; haut. : 1m,50.

(fig. 212). Le cheval n'a qu'un doigt développé (fig. 214), mais à droite et à gauche de ce doigt, dans les pieds de devant on trouve de petits stylets *s, s*, qui représentent deux autres doigts non développés ; dans l'hipparion (fig. 213), à la place de ces deux stylets on trouve deux doigts bien conformés, mais cependant beaucoup plus petits que celui du milieu.

L'ensemble de ces couches supérieures caractérisées par l'hipparion constitue le terrain *pliocène*.

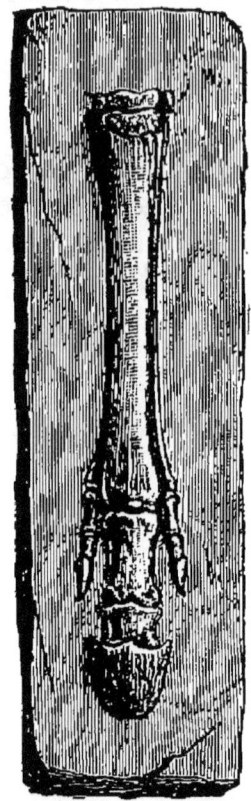

Fig. 213. — Pied fossile d'hipparion montrant les deux doigts latéraux.

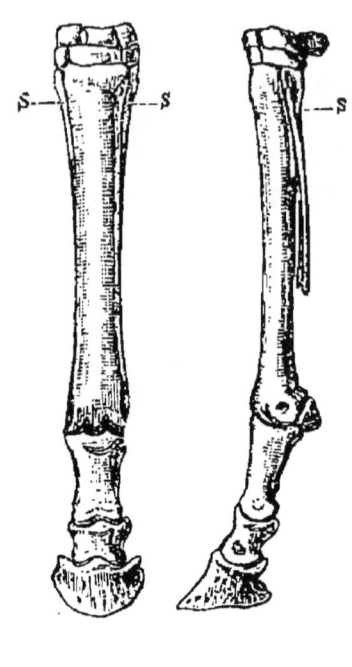

Fig. 214. — Pied de cheval actuel, vu de face et de côté, montrant en s, s la trace des deux doigts latéraux.

En résumé, nous pouvons établir de la manière suivante, la succession des différentes couches du terrain tertiaire.

Au-dessus des terrains tertiaires : Terrains quaternaires ou aucun dépôt.

TERRAINS TERTIAIRES (Cérithes).
- Partie supérieure. **Terrain pliocène.** (Hipparion.)
- Partie moyenne... **Terrain miocène.** (Dinothérium).
- Partie inférieure.. **Terrain éocène...** (Paléothérium).

Au-dessous des terrains tertiaires : Terrains secondaires, terrains primaires ou terrains primitifs.

11.

132. Animaux fossiles des terrains tertiaires. — 1° *Vertébrés de l'époque tertiaire*. — L'époque tertiaire est remarquable par la présence de fossiles se rapportant non seulement à des Mammifères marsupiaux, comme ceux que l'on trouve dans les terrains secondaires, mais surtout aux Mammi-

Fig. 215. — Xiphodon, Mammifère fossile de l'époque tertiaire; haut.: 0ᵐ,40.

Fig. 216. — Chevrotain, Mammifère actuel comparable au xiphodon; hauteur : 0ᵐ,40.

fères proprement dits, tels que les paléothériums, les dinothériums et les hipparions que nous venons de citer.

Indépendamment des Marsupiaux, tous les ordres actuels de

Mammifères sont représentés dans les terrains tertiaires; de plus un très grand nombre de squelettes présentent des caractères de dassage entre ces divers ordres.

Fig. 217. — Mastodonte restauré, Mammifère fossile de l'époque tertiaire hauteur : 2^m,50.

Fig. 218. — Une des dents molaires fossiles de mastodonte (1/3 grand. nat.)

Les Pachydermes ont laissé les débris les plus abondants.

Parmi les Pachydermes, voisins des Porcins, mentionnons, à côté du paléothérium, *l'anthracothérium*, sorte de Porcin qui avait les molaires semblables à celles des Carnivores, *l'anoplothérium* qui vivait dans l'eau à la manière des hippopotames actuels, mais qui était de plus petite taille, le *xiphodon* (fig. 215),

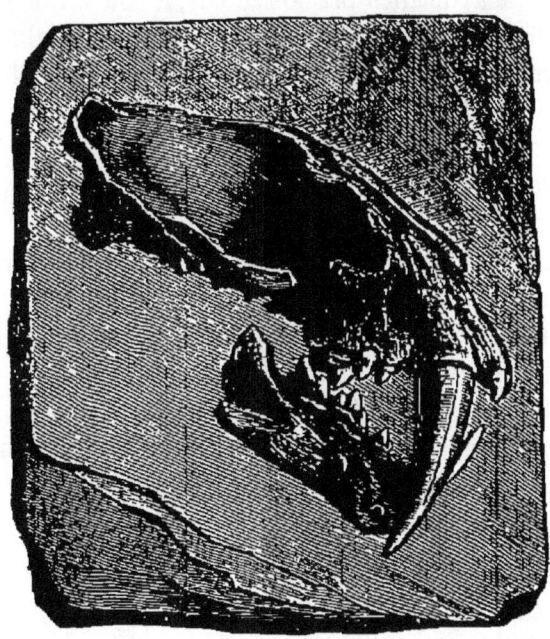

Fig. 219. — Tête de machærodus, Mammifère fossile de l'époque tertiaire ; largeur de la tête : 0^m,25.

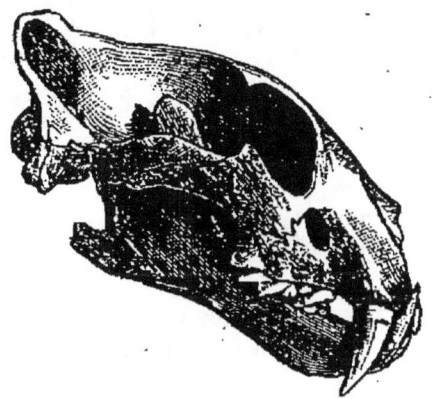

Fig. 220. — Tête de tigre actuel comparable à la tête du machærodus ; longueur : 0^m,30.

dont l'allure était celle d'une gazelle et dont la taille était celle d'une chèvre; cet animal peut être comparé au chevrotain actuel (fig. 216).

Parmi les Pachydermes proboscidiens, à côté du dinothérium, il faut citer les *mastodontes* (fig. 217) qui ressemblaient aux Éléphants, mais dont quelques espèces avaient des défenses aux deux mâchoires. Les mastodontes avaient des dents molaires distinctes (fig. 218) les unes des autres tandis que les éléphants ont toutes les dents molaires réunies en une seule (voy. fig. 269).

On a trouvé, dans le tertiaire des États-Unis, d'autres débris d'animaux qui ne peuvent être rapprochés de ceux d'aucun animal vivant. Tels sont les *dinocérates* qui avaient trois paires de cornes et dont la taille était celle de l'éléphant.

Parmi les Carnassiers, il faut signaler le *machœrodus* (fig. 219; comparez à la fig. 220), sorte de tigre, qui avait les canines supérieures extraordinairement développées.

 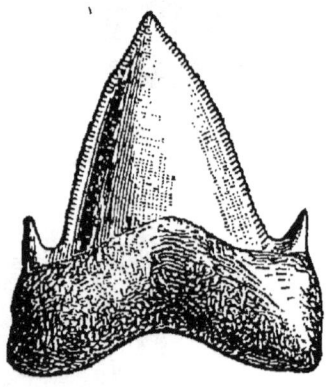

Fig. 221. — Dent de squale fossile, Poisson de l'époque tertiaire ; (grandeur naturelle).

Fig. 222. — Dent de squale actuel comparable à la dent de squale fossile (grandeur naturelle).

Les Oiseaux dont les squelettes ont été trouvés à l'état fossile dans les couches tertiaires se rapportent à des formes très voisines de celles qui vivent maintenant. On peut citer le *gastornis* trouvé dans l'argile de Meudon, qui présente une forme intermédiaire entre celle des Coureurs tels que l'autruche et celle des Palmipèdes tels que le héron.

194   PRINCIPALES PÉRIODES GÉOLOGIQUES

Il n'existe plus trace à l'époque tertiaire de ces grandes espèces de Reptiles dont les fossiles sont si répandus dans les terrains secondaires. Les Reptiles que l'on a trouvés ressemblent beaucoup à ceux actuellement vivants ; quelques-uns appartiennent aux genres crocodile, caïman, gavial, couleuvre, boa.

Les Poissons fossiles des terrains tertiaires se rapprochent aussi des Poissons actuels par leur forme et leur structure. Certains d'entre eux appartiennent aux genres carpe, perche, brochet. On rencontre assez fréquemment dans le terrain éocène des dents se rapportant à des Poissons voisins des requins ou squales (fig. 221 ; comparez à la fig. 222).

2° *Articulés de l'époque tertiaire.* — On a découvert de

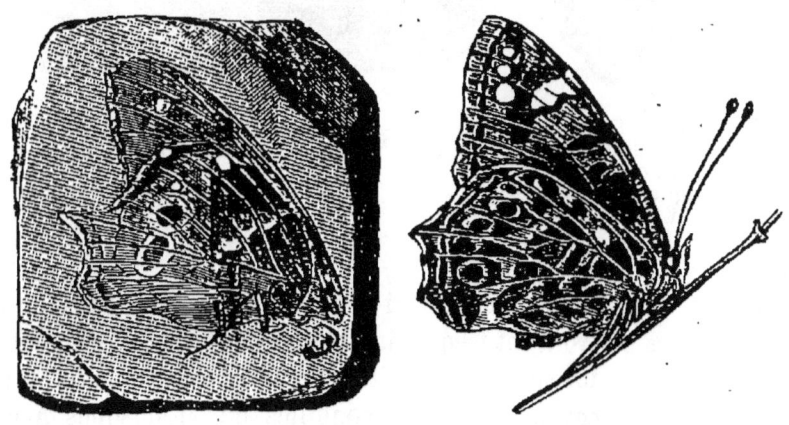

Fig. 223. — Papillon fossile, Insecte de l'époque tertiaire (grandeur naturelle).

Fig. 224. — Papillon actuel comparable au papillon fossile tertiaire (grandeur naturelle).

très nombreuses empreintes d'Insectes. Quelques-uns de ces fossiles sont conservés dans l'ambre jaune qu'on récolte sur le littoral de la mer Baltique. On peut citer des papillons fossiles (fig. 223) voisins des papillons actuels (fig. 224). On a trouvé aussi des Crustacés très voisins de ceux qui vivent actuellement, des écrevisses, par exemple.

3° *Mollusques de l'époque tertiaire.* — On ne trouve plus dans les terrains tertiaires les ammonites et les bélemnites si nombreuses dans les terrains secondaires. Parmi les Mollusques fossiles, ce sont surtout les *Gastéropodes* qui abondent à l'époque tertiaire. Beaucoup de coquilles tertiaires appartiennent à des genres qui existent encore à l'époque actuelle, les cérithes par

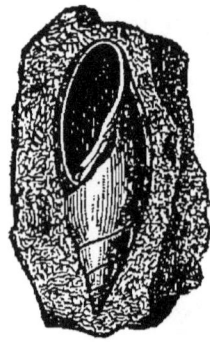
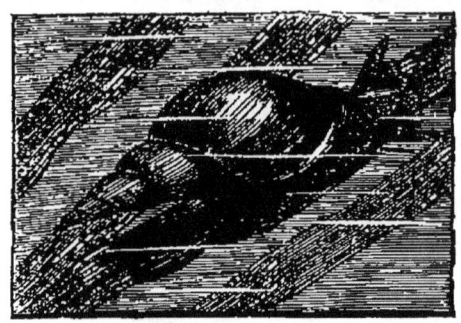

Fig. 225. — Lymnée fossile, Mollusque Gastéropode de l'époque tertiaire (grand. nat.)

Fig. 226. — Lymnée actuelle comparable à la lymnée fossile (grandeur naturelle).

exemple. On peut citer parmi les autres Gastéropodes dont les coquilles se trouvent fréquemment dans les terrains tertiaires les natices, les fuseaux, les turritelles. On rencontre aussi très souvent, dans ces assises, des coquilles de Mollusques Acéphales se rapportant à des genres actuels (cardiums, huîtres, lucines); on trouve dans certains dépôts d'eau douce, des Mollusques vivant dans les lacs ou les fleuves, tels que les lymnées (fig. 225; comparez à la fig. 226), ou les planorbes dont la coquille est enroulée dans un même plan; certains Mollusques terrestres du genre escargot sont abondants dans plusieurs couches des terrains tertiaires.

4° *Rayonnés de l'époque tertiaire.* — Parmi les Rayonnés tertiaires on peut citer des Échinodermes du calcaire grossier: tel est l'*échinolampas*, sorte d'oursin allongé dont la forme rappelle celle d'une lampe antique.

Protozoaires de l'époque tertiaire. — Parmi les Protozoaires, il faut citer particulièrement les *nummulites* dont les carapaces se trouvent en très grande abondance dans l'éocène (fig. 227).

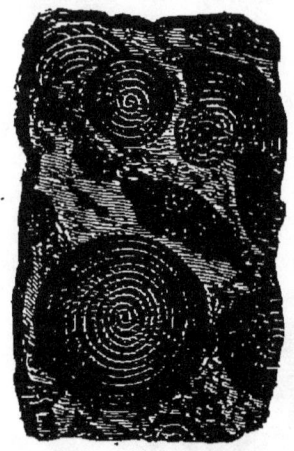

Fig. 227. — Nummulites, Protozoaires Foraminifères fossiles de l'époque tertiaire (grandeur naturelle).

Fig. 228. — Protozoaire Foraminifère actuel comparable aux nummulites (très grossi).

Les nummulites sont des Protozoaires appartenant au groupe des Foraminifères ; mais tandis que la plupart des Foraminifères sont des animaux microscopiques, les nummulites avaient des coquilles de la taille d'une lentille ; certaines espèces atteignent même jusqu'à 2 à 3 centimètres de diamètre.

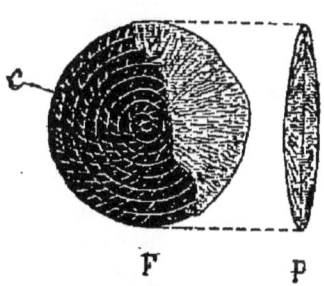

Fig. 229 et 230. — Carapace de nummulite ; F, vue de face ; P, vue de profil ; C, loges.

La carapace des nummulites est percée de nombreux petits pores par où l'animal pouvait faire passer de longs filaments qui lui servaient à recueillir sa nourriture comme le font les Foraminifères actuels qu'on peut leur comparer (fig. 228).

La figure 229, montre une de ces carapaces dont on a coupé une partie pour montrer les loges successives disposées en spirale. Les nombreuses cloisons qui séparent les loges laissent ces loges communiquer entre elles par une petite fente.

133. Végétaux fossiles des terrains tertiaires. —
1° *Phanérogames de l'époque tertiaire*. — On remarque dans les végétaux de l'époque tertiaire un très grand développement des plantes à fleurs et, en particulier, des Phanérogames angiospermes.

On trouve des empreintes de feuilles de Dicotylédones variées telles que les feuilles de *hêtre* (fig. 231; comparez à la fig. 232),

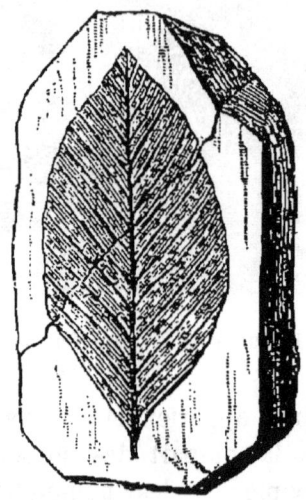 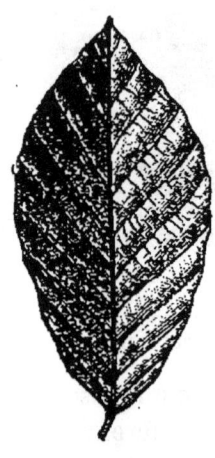

Fig. 231. — Empreinte de feuille fossile d'un hêtre de l'époque tertiaire (1/2 grandeur naturelle). Fig. 232. — Feuille de hêtre actuel, comparable à celle de hêtre fossile (1/2 grandeur naturelle).

de *peuplier* (fig. 233; comparez à la fig. 234), de *vigne*, ou des empreintes de fleurs, telles que celles de tilleul, par exemple (fig. 235; comparez à la fig. 236). Plusieurs de ces fleurs fossiles peuvent être, dans certaines circonstances, reconstituées d'une façon parfaite. C'est ainsi que les calcaires de Sézanne (1) offrent des moules de fleurs; on introduit dans les fines cavités de la roche un mastic inattaquable pas les acides, et en faisant dissoudre la roche calcaire dans de l'acide chlorhydrique il reste le moulage en mastic de la fleur fossile; la figure 237 repré-

---

(1) Sézanne est une commune du département de la Marne, arrondissement d'Épernay.

sente un de ces moulages de fleur d'une plante fossile nommée *Sézanella* où l'on aperçoit les sépales, les pétales, les étamines

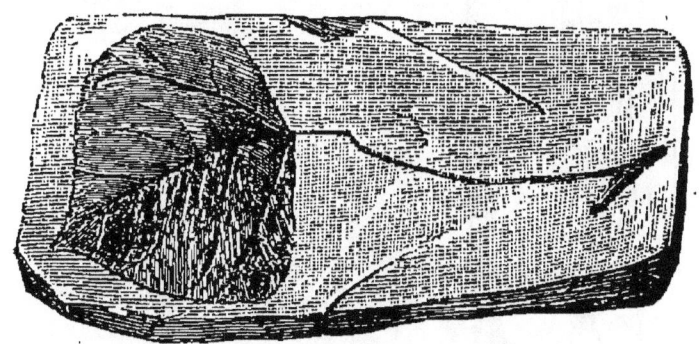

Fig. 233. — Empreinte de feuille fossile d'un peuplier de l'époque tertiaire (1/2 grandeur naturelle).

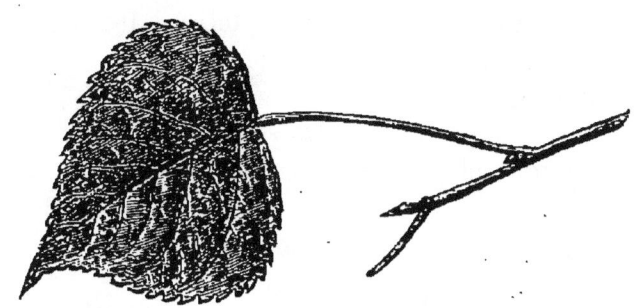

Fig. 234. — Feuille de peuplier actuel, comparable à celle de peuplier fossile que représente la figure 233 (1/2 grandeur naturelle).

et les carpelles avec tous leurs détails. On trouve aussi des fruits fossiles; tels sont les fruits de hêtre, de frêne, etc.

En examinant les végétaux fossiles du tertiaire, on voit que la période qui correspond aux dépôts inférieurs du terrain éocène ressemble beaucoup à celle qu'indiquent les végétaux fossiles du Crétacé supérieur ; mais dans les couches supérieures de l'Éocène supérieur on découvre des empreintes nombreuses de végétaux appartenant à des formes qu'on trouve actuellement dans les ré-

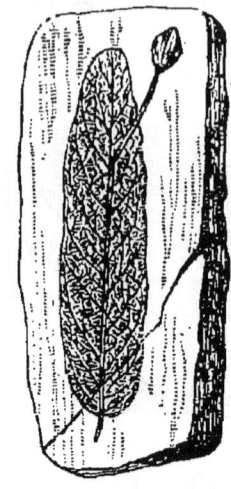

Fig. 235. — Empreinte de fleur et de bractée d'un tilleul fossile de l'époque tertiaire (1/2 grandeur naturelle).

Fig. 236. — Fleur et bractée de tilleul actuel comparables à celles du tilleul fossile que représente la fig. 235 (1/2 grandeur natur.).

gions chaudes de l'Asie ou de l'Afrique, tels que les palmiers, les dracœnas, le café, etc. Dans les sédiments du Miocène supérieur et du Pliocène de nos contrées, les végétaux fossiles se rapprochent beaucoup plus encore des espèces actuelles.

2° *Cryptogames de l'époque tertiaire.* — Il faut aussi signaler les fossiles se rapportant aux Cryptogames, mais ces fossiles sont bien moins abondants que dans les périodes précédentes. Ce sont par exemple, des Fougères herbacées, des

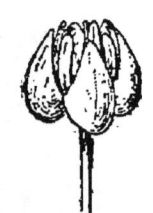

Fig. 237. — Moulage dans une empreinte d'une fleur de Sézanella, fossile de l'époque tertiaire.

Mousses, des Hépatiques très analogues aux Muscinées actuelles.

134. Principales roches des terrains tertiaires. — 1° *Roches stratifiées.* — Les roches de l'époque tertiaire sont de nature très variée. On y trouve une alternance d'argile, de sable, de calcaire grossier, de gypse, de meulière. La présence de ces roches à la surface du sol, offrant des pierres de construction, le sable et la chaux pour faire le mortier, l'argile pour faire les briques, le gypse pour faire le plâtre, fait comprendre comment on a pu facilement construire de grandes villes telles que Paris et Londres qui sont bâties chacune au milieu de dépôts tertiaires.

2° *Roches éruptives*. — Pendant les périodes miocène et éocène, ont eu lieu les éruptions de basaltes et de trachytes. Ces roches forment des masses étendues en Auvergne; on peut voir leur affleurement à la surface du sol marqué en rouge sur la carte géologique de France, où elles sont indiquées sous le nom de roches volcaniques. Nous avons déjà étudié ces dépôts de roches non sédimentaires en Auvergne.

135. Parties de la France où les terrains tertiaires sont à la surface du sol. — En consultant la carte géologique de France (page 235), on peut voir quelle est l'étendue qu'occupent les sédiments tertiaires; ces terrains sont toujours superposés aux autres terrains et rarement recouverts en France par les dépôts quaternaires. Les terrains tertiaires sont indiqués par la couleur verte. On les trouve surtout dans les trois grands bassins géologiques de la France : le bassin de Paris, le bassin d'Aquitaine et le bassin du Rhône.

La figure 165 qui représente la coupe des terrains du bassin parisien montre comment les terrains tertiaires y sont superposés aux terrains secondaires.

RÉSUMÉ

Terrains tertiaires. — Les terrains tertiaires sont surtout caractérisés par des coquilles de *Mollusques Gastéropodes* appelés *cérithes*.

On peut résumer dans le tableau suivant la division des terrains tertiaires.

TERR. TERTIAIRES (Cérithes).			Fossiles caractéristiques.	Roches remarquables.
	Partie supérieure..	Pliocène...	*Hipparions* ...... (Mammifères.)	Trachytes d'Auvergne.
	Partie moyenne...	Miocène....	*Dinothériums*.... (Mammifères.)	Meulière. Sable de Fontainebleau.
	Partie inférieure..	Eocène.....	*Palœothériums* .. (Mammifères.)	Calcaire grossier et gypse.

Les terrains tertiaires reposent sur les terrains secondaires, primaires ou primitifs. Ils affleurent en France au milieu du bassin de Paris, du bassin de l'Aquitaine et dans le bassin du Rhône.

Principaux animaux et végétaux de l'époque tertiaire.
— L'étude des fossiles végétaux des terrains tertiaires montre que les continents étaient alors recouverts d'arbres et de plantes variées (fig. 238) et qu'à cette époque de l'histoire du globe la diversité des climats était plus marquée qu'aux époques précédentes. Toutefois ces climats divers ne correspondaient pas à ceux de l'époque actuelle; c'est ainsi qu'on trouve dans les terrains tertiaires des environs de Paris des empreintes de feuilles de palmiers ou de bananiers, plantes confinées maintenant dans des contrées plus voisines de l'équateur.

Les continents étaient habités par des Mammifères proprement dits. Les uns étaient très voisins des formes actuelles (paléothérium, voisin du tapir, hipparion, voisin du cheval, machærodus voisin du tigre, dinothérium et mastodonte voisins de l'éléphant, etc.); les autres avaient des caractères très différents de tous les mammifères vivants. Tels étaient les dinocérates, grands animaux de forme étrange dont on a trouvé les débris fossiles dans les terrains tertiaires de l'Amérique du Nord. Les Oiseaux, les Reptiles, les Batraciens et les Poissons avaient des caractères qui se rapprochent plus de ceux qui vivent actuellement.

Les mers, où nageaient des Cétacés et des Poissons, contenaient de très nombreuses espèces d'invertébrés. Parmi les mollusques, les Céphalopodes étaient relativement moins nombreux. Ce sont surtout les Gastéropodes qui dominaient (cérithes, natices, fuseaux, etc.) appartenant à des genres vivant encore maintenant. Les grands lacs d'eau douce renfermaient d'autres Gastéropodes (lymnées, planorbes) de forme voisine des espèces actuelles du même genre. Enfin les dépôts marins sont remarquables par la présence fréquente d'une masse de carapaces de foraminifères relativement grands et qu'on nomme nummulites.

On peut résumer dans le tableau suivant les principales formes animales et végétales de l'époque tertiaire :

Fig. 238. — Paysage de l'époque tertiaire reconstitué d'après les documents fossiles.

I. ANIMAUX DE L'ÉPOQUE TERTIAIRE

			ESPÈCES FOSSILES remarquables.	ESPÈCES ACTUELLEMENT vivantes du même groupe ou ressemblant à l'espèce fossile.
1. Vertébrés		Mammifères	★ *Paléothérium*	Tapir.
			Anthracothérium	Porcin.
			Anoplothérium, *Xiphodon*	Chevrotain
			★ *Hipparion*	Cheval.
			Mastodonte, ★ *Dinothérium*	Éléphant.
			Machærodus	Tigre.
			Dinocérate	N'est comparable à aucun des Mammifères actuels.
		Oiseaux	*Gastornis*	Autruche.
		Reptiles	*Crocodile*, *Caïman*, *Boa*, etc.	Analogues aux espèces vivantes des mêmes genres.
		Poissons	*Squale*, *Carpe*, *Perche*, etc.	Analogues aux espèces vivantes des mêmes genres.
2. Articulés		Insectes	Nombreuses espèces.	Analogues aux espèces vivantes des mêmes genres.
		Crustacés	*Écrevisses*, etc.	Analogues aux espèces vivantes des mêmes genres............
3. Mollusques		Gastéropodes	Marins: *Cérithe*, *Fuseau*, *Turritelle*, *Natice*. d'eau douce: *Lymnée*, *Planorbe*.	Analogues aux espèces vivantes des mêmes genres.
		Acéphales	*Cardium*, *Huître*, *Lucine*	
4. Rayonnés		Échinodermes	*Échinolampas*	Oursin.
5. Protozoaires		Foraminifères	*Nummulites*	Comparable à certains Foraminifères actuels.

II. VÉGÉTAUX DE L'ÉPOQUE TERTIAIRE

1. Phanérogames	Angiospermes Dicotylédones.	Caféier....... Tilleul........ Hêtre......... Peuplier...... Frêne, etc....	
	Angiospermes Monocotylédones...........	Palmier....... Drocœna, etc...	Analogues aux espèces actuelles des mêmes genres.
	Gymnospermes..	Pin........... Sapin, etc.....	
2. Cryptogames..	Cryptogames à racines.......	Fougères......	
	Muscinées......	Mousses Hépatiques......	

Les fossiles les plus caractéristiques sont marqués d'un astérique.

Les groupes d'êtres comprenant les fossiles les plus abondants des terrains tertiaires sont les *Mammifères*, les *Mollusques Gastéropodes* et les *Phanérogames Angiospermes*.

CHAPITRE XV

TERRAINS QUATERNAIRES

136. Ce qu'on entend par terrains quaternaires.
— Les terrains quaternaires ont été formés à une période géologique qui se confond avec l'époque actuelle. Aussi la plupart des formations marines quaternaires se trouvent-elles au fond des mers. Toutefois il existe des dépôts marins et surtout des dépôts d'eau douce formés à cette époque ; on peut les observer sur les continents actuels recouvrant les terrains plus anciens.

Dans les périodes précédentes on n'a pas trouvé le moindre vestige de l'existence de l'homme ; au contraire, on trouve fréquemment des traces de l'industrie humaine dans les dépôts quaternaires. Aussi, s'est-on servi de la présence de l'*homme* comme caractéristique de l'époque quaternaire.

137. Division de l'époque quaternaire. — On ne connaît pas assez l'ensemble des dépôts quaternaires qui sont presque tous recouverts par les mers actuelles, pour établir des divisions dans cette époque comme nous l'avons fait pour les autres.

On s'est alors borné pour établir des périodes à l'étude des dépôts continentaux ; on a divisé l'époque quaternaire en se basant sur les restes d'instruments ou d'ustensiles qui servent à marquer les diverses phases de l'industrie des hommes primitifs.

138. Age de la pierre taillée. — L'âge de la pierre taillée est ainsi nommé parce que les premiers vestiges de la présence des hommes témoignent qu'ils ne connaissaient pas l'usage des métaux ; ils taillaient les silex avec d'autres silex pour en fabriquer divers instruments tels que haches (fig. 239), couteaux (fig. 243) pointes de flèches (fig. 240 et 241), scies (fig. 244), etc.

Certains sauvages de l'époque actuelle taillent encore des

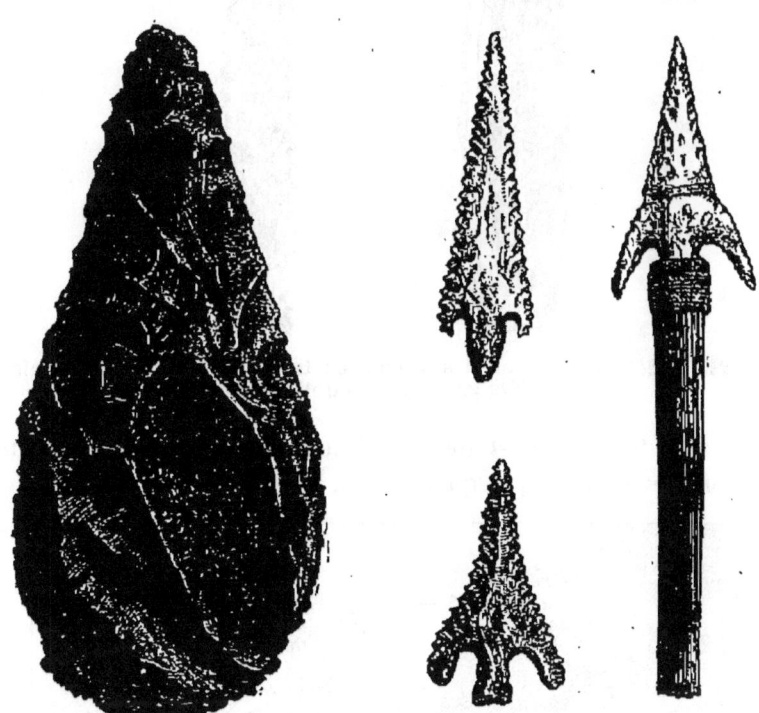

Fig. 239. — Silex taillé par l'homme de l'époque quaternaire, ayant dû servir de hache (1/2 grandeur naturelle).

Fig. 240 à 242. — A gauche, deux pointes de flèche en silex taillé, de l'époque quaternaire. A droite, flèche actuelle des Fuégiens en silex taillé comparable aux flèches quaternaires (1/2 grandeur naturelle).

pierres de la même manière que le faisaient les hommes de cette période ; les Fuégiens, habitants de la Terre de feu, à l'extrémité sud de l'Amérique, taillent ainsi non seulement des pointes de flèche en silex (fig. 242) mais aussi des morceaux de verre qu'ils trouvent parmi les épaves des vaisseaux naufragés. La figure 242 fait voir comment ils emmanchent ces

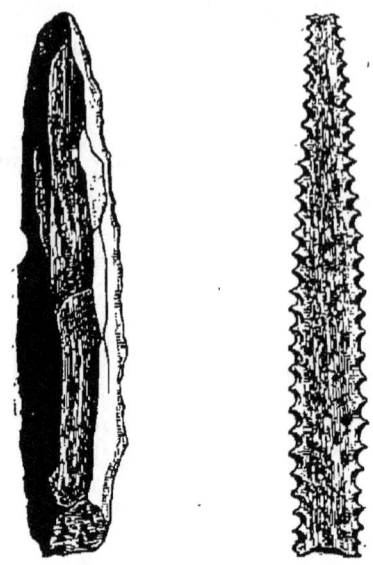

Fig. 243 et 244. — Couteau et scie en silex taillé, de l'époque quaternaire (1/2 grandeur naturelle).

fragments taillés; c'est de la même manière que le faisaient les hommes de l'époque quaternaire.

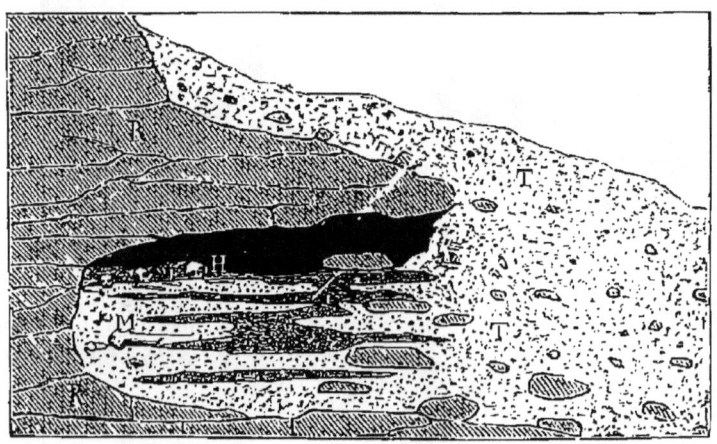

Fig. 245. — Caverne qui servait d'habitation aux hommes de l'époque quaternaire, à Laugerie basse (Dordogne) : C, cendres; H, débris de squelettes d'hommes quaternaires; M, débris de squelettes de mammouths; TT, terrains éboulés par-dessus la caverne.

C'est surtout dans des cavernes telles que celle que représente la figure 246 qu'on trouve ces premiers débris de l'industrie humaine. Ces grottes servaient d'habitation aux hommes

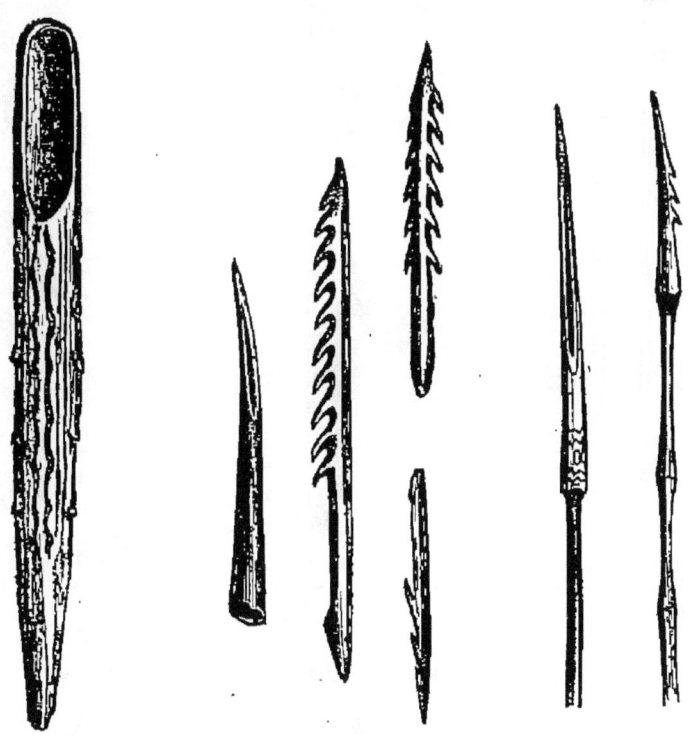

Fig. 246. — Cuiller en bois de renne de l'époque quaternaire (1/3 de grandeur naturelle).

Fig. 247 à 250. — Diverses pointes de flèches de l'époque quaternaire (1/5 de grandeur naturelle).

Fig. 251 et 252. — Flèches avec pointes en os des habitants actuels de la Nouvelle-Guinée, comparables à celles de l'époque quaternaire (1/5 de grandeur naturelle).

de cette époque et étaient leur refuge contre les attaques des animaux sauvages.

C'est encore à l'âge de la pierre taillée que les hommes fabriquaient divers instruments en bois de renne tels que des cuillers (fig. 246), ou en os tels que les aiguilles, les pointes de flèches (fig. 247 à 250), les hameçons et les harpons (fig. 255). Les Fuégiens actuels fabriquent pour la pêche à la baleine des harpons qui sont faits absolument de la même manière (fig. 256).

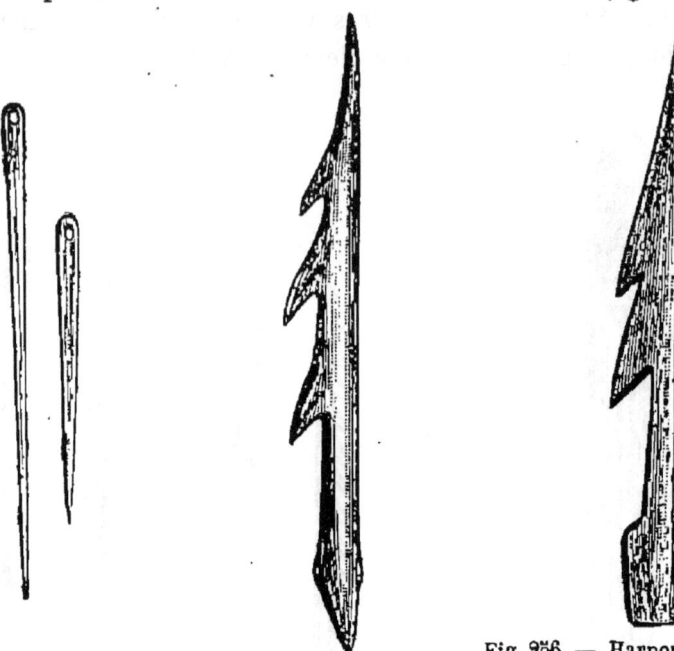

Fig. 253 et 254. — Aiguilles en os de l'époque quaternaire (2/3 de grand. nat.).

Fig. 255. — Harpon en os de renne de l'époque quaternaire (1/5 de grandeur naturelle)..

Fig. 256. — Harpon en os de baleine des Fuégiens actuels, comparables à celui de la figure 255.

Les habitants de la Nouvelle-Guinée, en Océanie, se servent

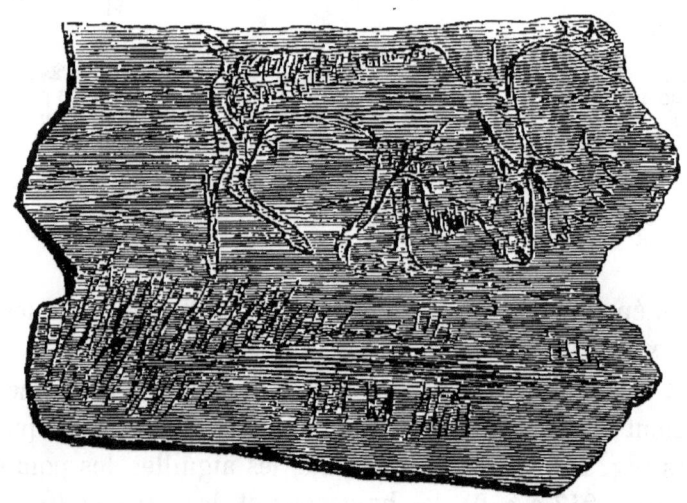

Fig. 257. — Morceau de bois de renne, sur lequel se trouve un dessin de renne fait par un homme de l'âge de la pierre taillée.

12.

aussi de pointes de flèche tout à fait semblables à celles de de l'époque quaternaire.

On peut citer comme un remarquable témoignage de l'existence de l'homme et de son industrie, les curieux dessins gravés sur des bois de renne et représentant des chevaux, des rennes (fig. 257), etc.

139. Age de la pierre polie. — L'âge de la pierre polie correspond à un progrès dans l'industrie humaine. L'homme ne savait pas encore se servir des métaux, mais il avait l'art de polir les silex et fabriquait les poteries.

On trouve en effet des haches en pierre polie telles que celle

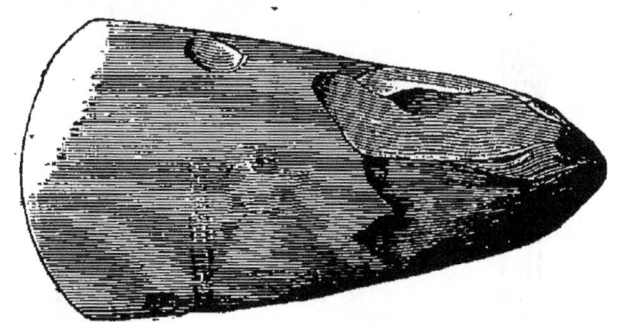

Fig. 258. — Hache en pierre polie de l'époque quaternaire (1/5 de grandeur naturelle).

représentée par la figure 258 et dont la figure 259 indique la monture.

Dans la Nouvelle-Calédonie et dans certaines parties de l'Amérique du Nord, les sauvages fabriquent encore maintenant des haches en pierre polie (fig. 259) analogues à celles de l'époque quaternaire (fig. 260).

A l'âge de la pierre polie, se rapportent les constructions dont on a retrouvé les vestiges dans les lacs de la Suisse et de la Savoie ; c'étaient des cabanes formées de branches régulièrement enchevêtrées et bâties sur pilotis. On a appelé *cités lacustres* ces réunions d'habitations où les hommes se mettaient

TERRAINS QUATERNAIRES 211

à l'abri des bêtes fauves ou des autres hommes, en édifiant leurs demeures au milieu de l'eau (fig. 261). Les sauvages de

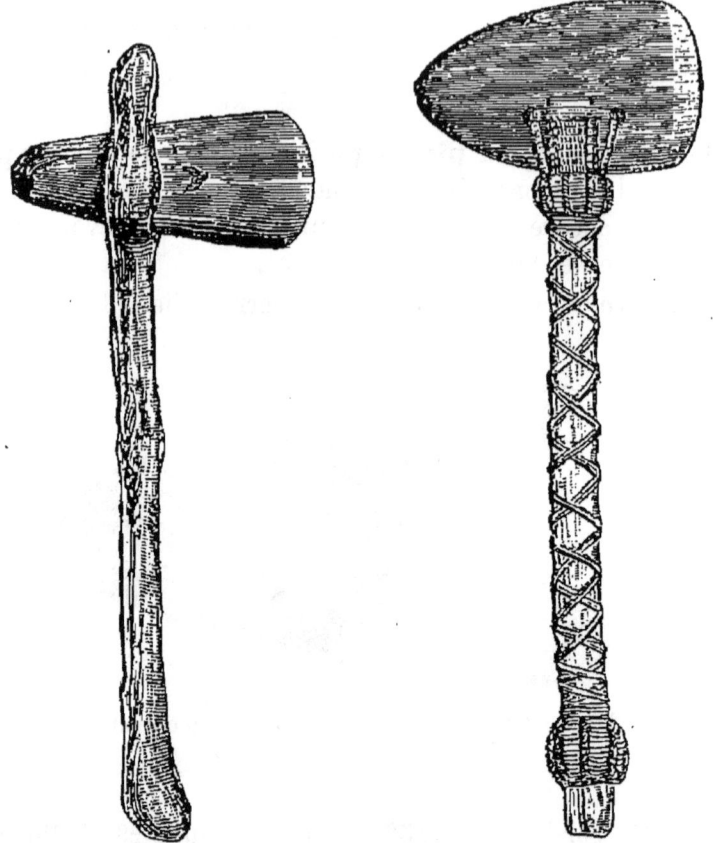

Fig. 259. — Hache en pierre polie de l'époque quaternaire, emmanchée (1/5 de grandeur naturelle).

Fig. 260. — Hache en pierre polie des habitants actuels de la Nouvelle-Calédonie, comparable à la hache quaternaire (1/5 de grandeur naturelle).

la Nouvelle-Guinée construisent actuellement des habitations lacustres très semblables.

Certains dolmens qu'on trouve dans divers pays, en Bretagne, par exemple, se rapportent à l'âge de la pierre polie. Un *dolmen* consiste en des masses de rochers dressés soutenant une table formée par une grande pierre plate (fig. 262) placée hori-

Fig. 261. — Habitation lacustre de l'époque quaternaire, reconstituée.

zontalement. Les dolmens étaient des sépultures; on en trouve

Fig. 262. — Dolmen (monument funéraire de l'époque quaternaire).

qui sont au-dessus du sol; d'autres qui sont recouverts de terre et forment alors un petit monticule qu'on appelle *tumulus*. Non loin du dolmen on trouve souvent de très grands blocs de pierre

Fig. 263. — Menhir (monument de l'époque quaternaire).

dressés qui sont parfois disposés en lignes ou en cercles ; on rencontre aussi de ces pierres isolées : on donne à ces monuments le nom de *menhirs*.

140. Age du bronze et du fer. — L'âge du bronze et du fer semble succéder partout à l'âge de la pierre polie, dans le développement successif des progrès de l'industrie des hommes préhistoriques.

On a trouvé des objets en bronze dans certaines cités lacustres et dans des dolmens. Ce sont des ustensiles divers ou des armes (fig. 264 à 266). On a découvert les restes d'anciens ateliers où se fabriquaient les objets en bronze.

Il semble que les usages du fer et les moyens d'extraire ce métal n'aient été trouvés qu'après l'emploi du bronze. Les

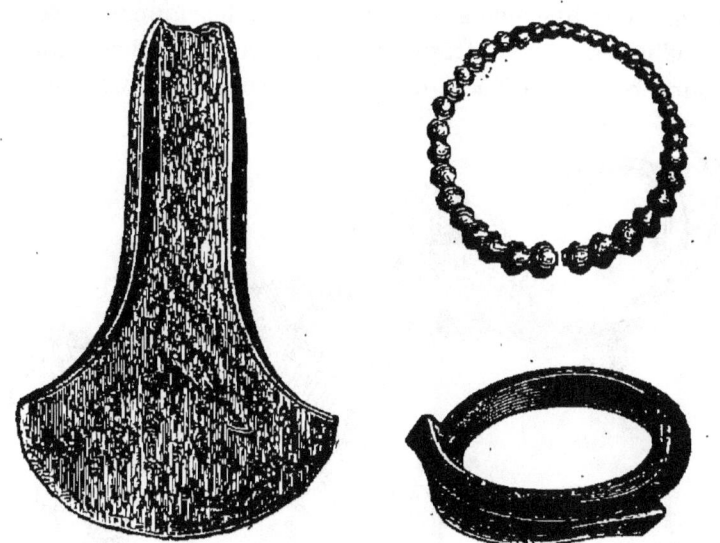

Fig. 264 à 266. — Hache et bracelets en bronze de l'époque quaternaire.

premiers documents historiques de tous les peuples remontent le plus souvent jusqu'à une époque où l'usage du fer était déjà répandu. Nous sommes ainsi conduits à l'époque actuelle.

En somme, nous pouvons diviser l'époque quaternaire de la manière suivante :

Au-dessus des terrains quaternaires : Dépôts actuels ou aucun dépôt.

TERRAINS QUATERNAIRES (Homme.)
- Age du fer et du bronze............... } (Cités lacustres Dolmens.)
- Age de la pierre polie................
- Age de la pierre taillée............... (Mammouth.)

Au-dessous des terrains quaternaires : Terrains primitifs, primaires, secondaires ou tertiaires.

141. Animaux fossiles de l'époque quaternaire. —

Les animaux fossiles que l'on trouve dans les dépôts quaternaires sont pour la plupart identiques aux animaux vivant actuellement; mais leur distribution était bien différente de celle qu'on remarque maintenant. Par exemple, on trouve en Europe et jusqu'en Angleterre, dans les dépôts quaternaires les plus anciens, des ossements d'hippopotame; les hippopotames actuels n'habitent que l'Afrique. D'autre part, il existe cependant un certain nombre d'espèces que l'on trouve à l'état fossile dans les

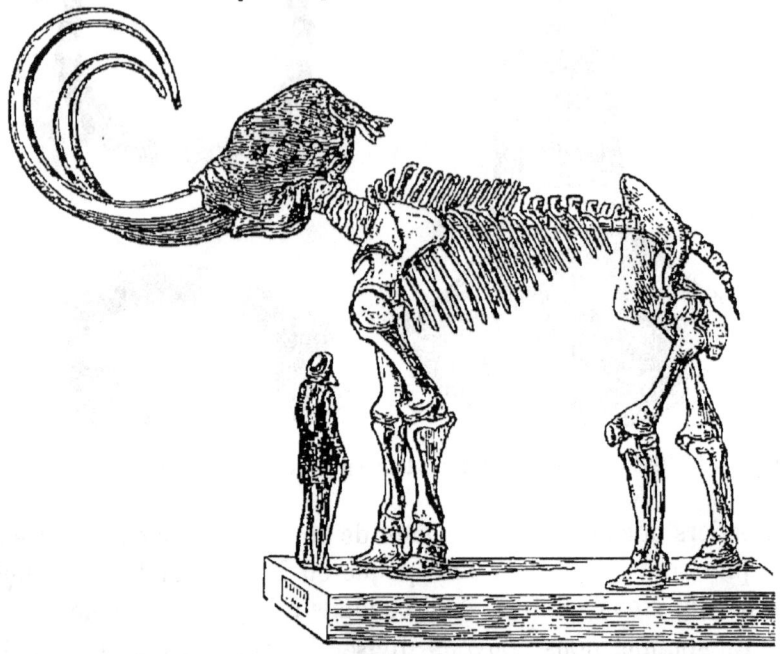

Fig. 267. — Mammouth, Mammifère fossile de l'époque quaternaire; hauteur : 5ᵐ,50.

dépôts quaternaires et qui n'existent plus maintenant : tel est le mammouth dont on trouve les ossements dans un grand nombre de dépôts quaternaires d'Europe.

Le mammouth est très voisin des éléphants actuels, ainsi qu'on peut s'en rendre compte en comparant les dents molaires de ces deux animaux (fig. 268); mais le mammouth avait de grandes défenses recourbées et sa peau était couverte de longs poils qui lui formaient une fourrure lui permettant d'habiter dans les pays froids. On a, en effet, découvert, dans le sol gelé de la Sibérie, des fragments de mammouth encore recouverts de chair et portant des poils bruns. Le nombre de ces animaux en-

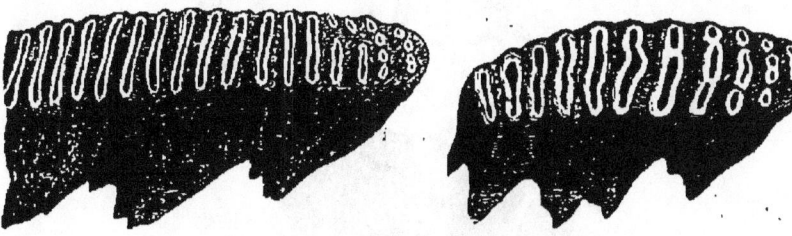

Fig. 268. — Dent molaire de Mammouth (1/6 de grandeur naturelle).

Fig. 269. — Dent d'éléphant actuel, comparable à la dent de Mammouth (1/6 de grandeur naturelle).

fouis dans le Nord de l'Asie est tel qu'on exploite ces dépôts pour en retirer les défenses avec lesquelles on fabrique des objets en ivoire.

Une preuve certaine de l'existence de l'homme à l'époque

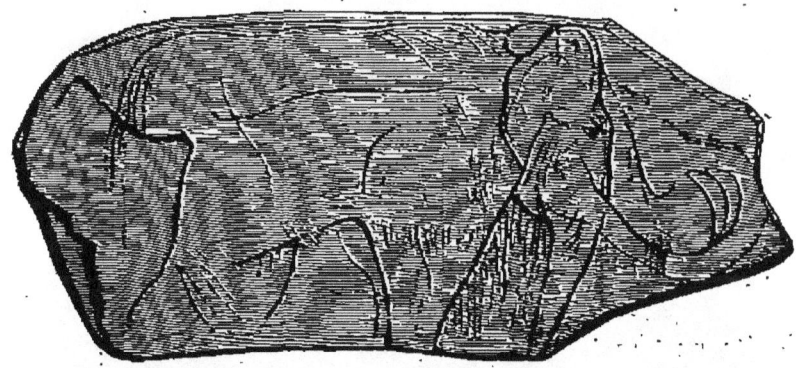

Fig. 270. — Dessin de Mammouth fait par un homme de l'époque quaternaire sur un morceau d'ivoire.

des mammouths est donnée par un dessin gravé sur une plaque d'ivoire, qu'on a trouvé dans une grotte de l'époque quaternaire.

Des ossements de rennes sont abondants en certains dépôts plus récents du quaternaire de France. On a trouvé aussi dans les tourbières quaternaires des squelettes qui se rapportent à un

Fig. 271. — Squelette de cerf à grandes cornes (la partie noire indique le contour de l'animal reconstitué), fossile des terrains quaternaires.

grand cerf dont les bois aplatis comme ceux de l'élan actuel

Fig. 272. — Dessin d'ours des cavernes (Mammifère de l'époque quaternaire), fait par l'homme quaternaire sur un morceau d'ardoise.

étaient de très grandes dimensions (fig. 271). On peut joindre à ces animaux l'ours des cavernes, plus grand mais plus trapu que les ours actuels ; on a découvert un dessin d'ours des cavernes tracé sur une plaque de schiste par l'homme quaternaire.

Ajoutons encore le rhinocéros à narines cloisonnées et certains Édentés de grande taille qu'on trouve dans le quaternaire

Fig. 273. — Squelette de dinornis, oiseau fossile de l'époque quaternaire (Nouvelle-Zélande) ; hauteur : 4 mètres.

Fig. 274. — Aptéryx, oiseau actuel de la Nouvelle-Zélande, comparable au Dinornis ; haut. : 0^m,40.

d'Amérique, ainsi que le *mégathérium*, mammifère édenté ayant de 4 à 6 mètres de longueur.

Il y avait aussi à cette époque dans la Nouvelle-Zélande de très grands oiseaux sans ailes, dont on a retrouvé les ossements et même les œufs ; les dimensions de ces oiseaux étaient trois fois plus grandes que celles des autruches actuelles. Ce sont des *dinornis* (fig. 273). Les aptéryx (fig. 274) qui vivent maintenant dans le même pays et dont les ailes sont extrêmement courtes doivent certainement avoir une grande ressemblance avec les dinornis.

142. Végétaux fossiles de l'époque quaternaire.
— Comme les animaux, la plupart des végétaux fossiles de l'époque quaternaire se rapportent aux végétaux vivant actuellement ; mais leur distribution à la surface du globe n'était pas toujours la même que celle des végétaux actuels ; c'est ainsi qu'on trouve dans les dépôts glaciaires quaternaires des plaines de nos pays, des vestiges de plantes qui ne vivent maintenant que sur les hautes montagnes ou dans les contrées polaires.

143. Époque glaciaire. — On constate, en effet, qu'à une certaine époque de la période quaternaire, les glaciers avaient pris une extension considérable. Ceux des Alpes s'éten-

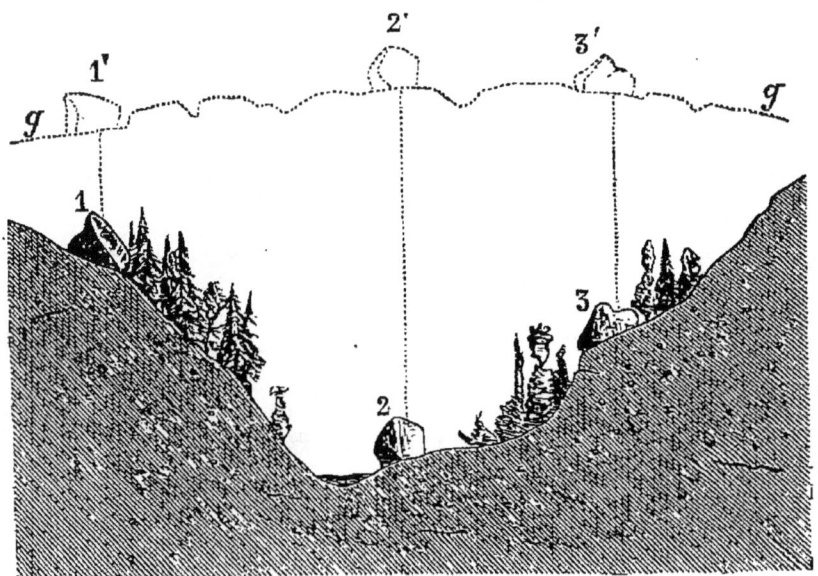

Fig. 275. — Figure représentant la manière dont se sont déposés les blocs erratiques. Les blocs 1', 2', 3', qui étaient portés par le glacier g, g, se sont trouvés déposés en 1, 2, 3, lorsque la glace a fondu.

daient jusqu'aux environs de Lyon, de Valence, et recouvraient une partie du Jura. On en a la preuve par l'étude des anciennes moraines (§ 56), et par celle des blocs *erratiques*; ces blocs

220   PRINCIPALES PÉRIODES GÉOLOGIQUES

entraînés par les glaciers sans être roulés par les eaux ont été

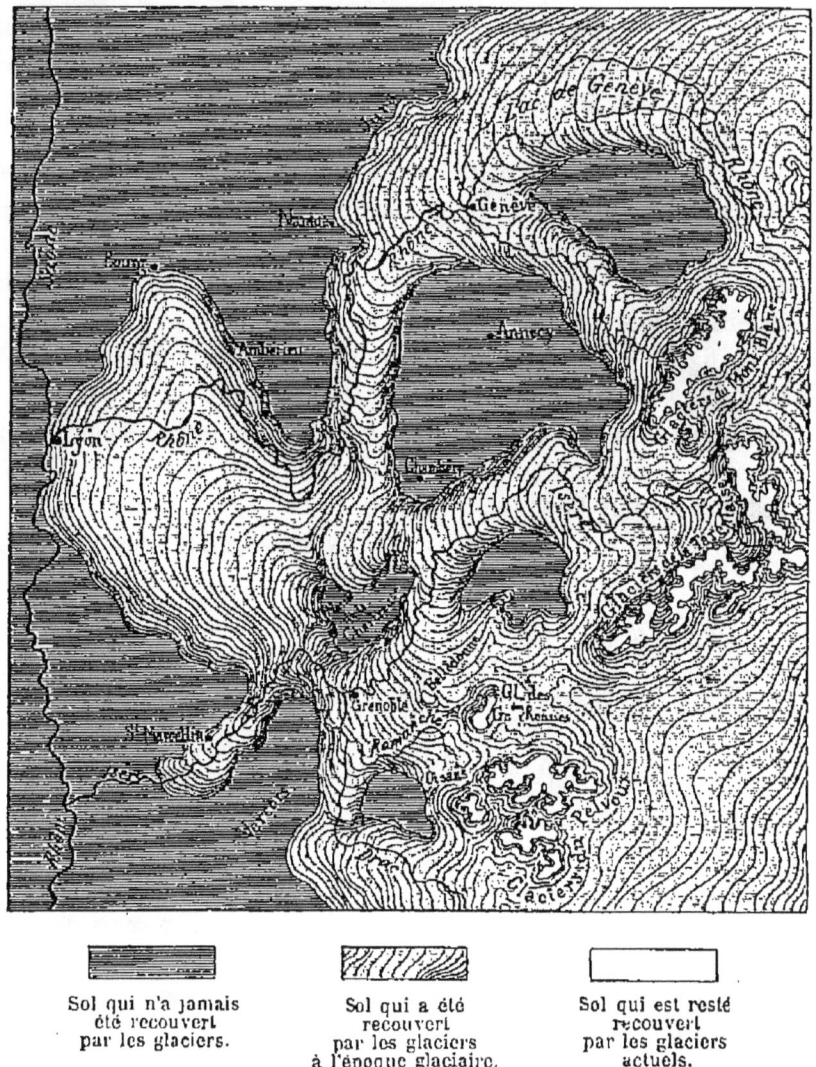

Fig. 276. — Étendue qu'occupaient les anciens glaciers de l'époque quaternaire, comparée à celle des glaciers actuels (en blanc) dans les Alpes de la Savoie et du Dauphiné.

déposés, après la fusion de la glace, loin de l'endroit où ils s'étaient détachés. La figure 275 montre le profil de la glace *g g* au moment où il y avait un grand glacier, dans une vallée qui est actuellement dépourvue de glaces. Lorsque la glace a fondu et que le glacier a disparu dans cette vallée, les blocs de rochers qu'il portait en 1', 2', 3', par exemple, se sont déposés en 1, 2, 3, sur les flancs de la vallée. La présence de ces blocs, qui sont d'ailleurs polis et striés, témoigne de l'existence d'un ancien glacier dans cette vallée. On peut aussi observer les stries et les rayures que les anciens glaciers ont produites sur les roches qui sont sur les flancs de la vallée.

On nomme *époque glaciaire* la période qui correspond à cette extension des masses de glace.

La figure 276 représente l'étendue qu'occupaient les glaciers à l'époque glaciaire dans les régions voisines de la Savoie et du Dauphiné. On voit par la comparaison avec les espaces encore recouverts par les glaciers actuels combien les glaces se sont réduites depuis l'époque glaciaire.

On trouve de même dans les Pyrénées, dans les Vosges et

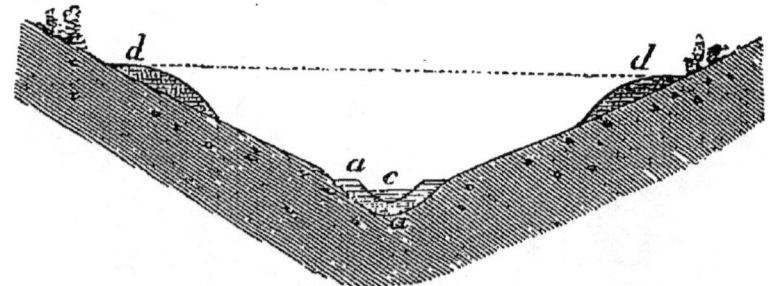

Fig. 277. — Coupe d'une vallée, montrant les dépôts quaternaires d, d, formés par des cours d'eau à un niveau bien plus élevé que le cours d'eau actuel c déposant les alluvions a, a.

en Auvergne les traces non douteuses de l'existence ancienne de grands glaciers.

La masse énorme de glace accumulée pendant cette longue période n'est pas nécessairement due à un refroidissement considérable de la surface du globe. Comme on peut le remarquer en étudiant les glaciers actuels, une suite de saisons pluvieuses favorise leur augmentation pendant un certain nombre d'années; c'est donc plutôt par la succession d'étés très humides qu'on cherche à s'expliquer ce phénomène.

La grande humidité de l'atmosphère et les neiges qui tombaient sur les montagnes favorisaient l'extension des glaciers ; les pluies des régions moins élevées, jointes à l'eau provenant de la fusion des glaces, dégradaient les roches et formaient d'énormes rivières dont on voit encore les vestiges (*d, d,* fig. 277). C'est ainsi qu'on trouve d'anciens dépôts d'alluvions sur les flancs des vallées ou sur les plateaux. On donne à ces dépôts le nom de *diluvium*.

144. Parties de la France où les terrains quaternaires sont à la surface du sol. — Ce n'est guère qu'au fond des vallées, dans le delta du Rhône et dans les Landes, que l'on trouve en France le terrain quaternaire occupant une étendue assez considérable sur une épaisseur importante : ailleurs, il forme l'argile des plateaux, les alluvions des fleuves, et l'on peut y rapporter tous les dépôts qui se produisent actuellement et que nous avons étudiés précédemment.

La carte de France indique en blanc les principaux points où se trouvent d'importants dépôts quaternaires.

RÉSUMÉ

Terrains quaternaires. — Les terrains quaternaires, dont on ne connaît guère que les dépôts continentaux, les dépôts marins étant encore recouverts par les mers actuelles, sont surtout caractérisés par les squelettes d'*homme* et par les restes de l'industrie humaine primitive.

On a divisé l'époque quaternaire de la manière suivante :

TERR.	Dépôts les plus récents.	Age du fer et du bronze	(Cités lacust.
QUATERN.	Dépôts moyens........	Age de la pierre polie.	Dolmens)
(Hommes).	Dépôts les plus anciens.	Age de la pierre taillée.	(Mammouth)

Les terrains quaternaires reposent sur les terrains tertiaires, secondaires, primaires ou primitifs. Ils affleurent en France au fond des vallées, dans les Landes, dans le delta du Rhône.

Principaux animaux et végétaux de l'époque quaternaire. — La plus grande quantité des animaux ou des végétaux dont on trouve les débris dans les dépôts quaternaires appartiennent à des espèces qui vivent encore maintenant ; l'époque actuelle n'est que la continuation directe de la période quaternaire. Mais la distribution des êtres était très différente de celle d'aujourd'hui et elle a même changé d'une manière très notable pendant cette période,

Fig. 278. — Paysage de l'époque quaternaire, reconstitué d'après les documents fossiles.

par exemple au moment du développement considérable des glaciers.

Cependant, certaines espèces d'animaux, dont on retrouve les débris conservés dans les terrains quaternaires ont à présent disparu, tels sont le mammouth (éléphant couvert de longs poils et à défenses très recourbées), le cerf à grandes cornes, l'ours des cavernes, le rhinocéros à narines cloisonnées, le mégathérium des terrains quaternaires d'Amérique.

Les mers renfermaient des animaux appartenant presque tous aux espèces vivantes ; mais par les quelques dépôts marins quaternaires que l'on connaît, il est facile de voir que leur répartition dans les diverses mers présentait aussi des différences importantes avec celle des animaux marins actuels.

On peut résumer dans le tableau suivant les principales formes animales et végétales de l'époque quaternaire :

I. ANIMAUX DE L'ÉPOQUE QUATERNAIRE.

		ESPÈCES FOSSILES remarquables.	ESPÈCES ACTUELLEMENT vivantes du même groupe ou ressemblant à l'espèce fossile.
1. Vertébrés	Mammifères	*Mammouth...	Éléphant.
		Cerf à grandes cornes......	Élan.
		*Ours des cavernes......	Ours.
		Hippopotame.. Renne........ Lion, etc......	Très semblables aux espèces vivantes.
	Oiseaux.......	Dinornis......	Aptéryx.
2, 3, 4, 5, Articulés, Mollusques, Rayonnés, Protozoaires...............................			Très semblables aux espèces vivantes actuelles, mais souvent répartis d'une autre manière.

II. VÉGÉTAUX DE L'ÉPOQUE QUATERNAIRE.

1 et 2, Phanérogames et Cryptogames.......	Très semblables aux espèces vivantes actuelles, mais distribués d'une autre manière à la surface du globe

Les fossiles les plus caractéristiques sont marqués d'un astérisque

Les groupes d'êtres comprenant les fossiles les plus abondants des terrains quaternaires sont ceux qui dominent actuellement

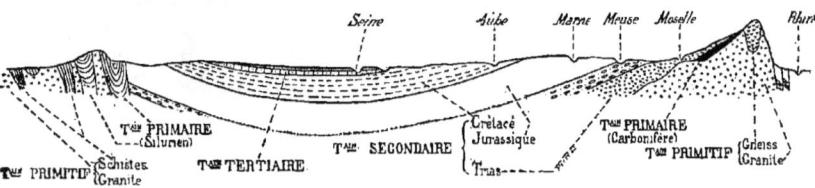

Fig. 279. — Coupe des terrains du bassin de Paris, depuis la Normandie jusqu'aux Vosges.

Constitution du sol de la France. — Si l'on suppose les terrains coupés verticalement depuis la Normandie jusqu'aux Vosges, en examinant cette coupe du sol (fig. 279) et en regardant en même temps la carte géologique de France (page 235), on peut se rendre compte de la construction générale du sol de notre pays.

La figure 279 montre la coupe verticale du bassin de Paris, l'un des trois grands bassins géologiques de France; elle fait voir que les terrains y sont superposés comme des cuvettes emboîtées les unes dans les autres. Si l'on part des Vosges en se dirigeant vers Paris qui est au voisinage du point marqué *Seine*, on rencontre successivement les terrains primaires, secondaires et tertiaires, dont les couches s'inclinent vers Paris. Si l'on part de Normandie pour se diriger vers Paris, on rencontre les mêmes dispositions en sens contraire. Le bassin du Rhône et le bassin de l'Aquitaine présentent une disposition à peu près analogue.

RÉSUMÉ GÉNÉRAL DES PRINCIPALES PÉRIODES GÉOLOGIQUES

Terrains et fossiles caractéristiques :	Division des Terrains et fossiles caractéristiques de ces divisions :	Grand développement des :	Roches remarquables :
QUATERNAIRE............ (Homme)	3. Age du Fer et du Bronze............ 2. Age de la pierre polie............... 1. Age de la pierre taillée.............	Mammifères / Angiospermes	Blocs erratiques. Alluvions glaciaires. Diluvium.
TERTIAIRE............... (Cérithes)	3. Pliocène......... (Hipparions).......... 2. Miocène......... (Dinothériums)....... 1. Éocène........... (Paléothériums)......		Trachytes d'Auvergne. Sables de Fontainebleau. Calcaire grossier; gypse.
SECONDAIRE............ (Ammonites)	3. Crétacé.......... (Scaphites)........... 2. Jurassique...... (Ichthyosaures)...... 1. Trias............ (Cératites)...........	Reptiles / Gymnospermes	Craie; phosphate de chaux. Ciment de Vassy; minerais de fer. Gypse; sel gemme; grès vosgien.
PRIMAIRE............... (Trilobites)	3. Carbonifère...... (Productus).......... 2. Dévonien........ (Spirifers).......... 1. Silurien......... (Graptolithes)........	Poissons / Cryptogames	Houille. Marbres des Pyrénées. Ardoises d'Angers.
PRIMITIF................ (Pas de fossiles.)			Gneiss et micaschistes.

TABLE ALPHABÉTIQUE

A

Acéphales, n° 98.
Acide carbonique, n° 7.
Action des acides sur les roches, n° 6.
Age de la pierre polie, n° 139.
Age de la pierre taillée, n° 138.
Age du bronze et du fer, n° 140.
Age relatif des terrains, n°ˢ 85 à 85.
Ammonites, n° 118.
Amphibole, n° 26.
Angiospermes, n°ˢ 103, 104.
Animaux fossiles des terrains primaires, n° 113.
Animaux fossiles des terrains quaternaires, n° 141.
Animaux fossiles des terrains secondaires, n° 123.
Animaux fossiles des terrains tertiaires, n° 132.
Anoplothérium, n° 132.
Anthracothérium, n° 132.
Aptéryx, n° 141.
Arachnides, n° 96.
Archégosaure, n° 113.
Archéoptéryx, n° 123.
Ardoise, n° 19.
Argile, n° 43.
Articulés, n°ˢ 96, 97.
Articulés de l'époque primaire, n° 113.
Articulés de l'époque secondaire, n° 123.
Articulés de l'époque tertiaire, n° 132.

Arthropodes, n° 96.
Atoll, n° 82.

B

Bambou fossile, n° 124.
Banquises, n° 58.
Barre, n° 46.
Basalte, n°ˢ 30, 81.
Batraciens, n° 94.
Bélemnites, n° 123.
Blanc d'Espagne, n° 8.
Blattes, n° 113.
Blocs erratiques, n° 143.
Bombes volcaniques, n°ˢ 66, 82.
Brachiopodes, n° 98.
Brique, n° 14.
Brontosaure, n° 123.
Bronze (Age du), n° 140.

C

Cailloux roulés, n° 43.
Calamites, n°ˢ 114, 124.
Calcaire grossier, n° 9.
Calcaire oolithique, n° 18.
Carbonifère, n° 112.

TABLE ALPHABÉTIQUE

Cavernes, n° 132.
Ciment, n° 18.
Cendres volcaniques, n° 66.
Céphalopodes, n° 98.
Cératites, n° 120.
Cerf à grandes cornes, n° 141.
Cérithes (Empreintes de), n° 9.
Chaulage des terres, n° 12.
Chaux, n° 12.
Chaux éteinte, n° 12.
Chaux hydraulique, n° 8.
Chaux vive, n°˙ 7, 12.
Cheminée d'ue volcan, n°˙ 62, 64.
Chotts, n° 48.
Cités lacustres, n° 139.
Classification des animaux vivants (Résumé de la), n° 91.
Cœlentérés, n° 99.
Colonne vertébrale, 92.
Cône volcanique, n° 64.
Courants marins, n° 36.
Cours d'eau, n° 33.
Cours d'eau (Action destructive des), n° 40.
Craie, n° 8.
Cratère, n° 64.
Crétacé, n° 122.
Crevasses, n° 53.
Crustacés, n° 95.
Cryptogames de l'époque primaire, n° 114.
Cryptogames de l'époque secondaire, n° 124.
Cryptogames de l'époque tertiaire, n° 133.
Cryptogames vasculaires, n° 102.

D

Delta, n° 46.
Dépôts glaciaires, n° 57.
Dépôts sédimentaires, n° 72.
Dépôts sédimentaires (Déformation des), n° 80.
Dévonien, n° 111.
Dicotylédones, n° 104.
Dinocérates, n° 132.
Dinornis, n° 141.
Dinothérium, n° 130.
Dolmen, n° 139.
Dunes, n° 49.

E

Eau (Circulation de l') dans la nature, n° 33.
Eau de ruissellement, n° 32.
Eau d'infiltration, n° 32.
Eau d'infiltration (Action destructive de l'), 40.
Eau d'infiltration (Dépôts formés par l'), n° 47.
Eau (L') enlève une partie des roches, n° 37.
Eau (L') forme de nouvelles roches, n° 42.
Echinodermes, n° 99.
Echinolampas, n° 132.
Edentés fossiles, n° 145.
Effervescence des roches avec les acides, n° 67.
Embranchements du règne végétal, n° 102.
Empreinte de feuille de hêtre fossile, n° 133.
Eocène, n° 129.
Epoque glaciaire, n° 143.
Erable fossile, n° 124.
Erosion, n° 40.
Eruption volcanique, n°˙ 65, 66.
Estuaire, n° 46.

F

Faille, n° 80.
Feldspath, n°˙ 26, 39.
Fer (Age du), n° 39.
Fleuve (Dépôts à l'embouchure d'un), n° 46.
Filons, n° 60.
Filons de roches, n° 83.
Filons métalliques, n° 84.
Fonte des glaciers, n° 53.
Foraminifères, n° 100.
Foraminifères fossiles, n° 113.
Fossiles, n° 75.
Fossiles caractéristiques, n° 87.
Fossiles (Comparaison des) avec les animaux et les végétaux actuels, n° 90.
Fossiles formés dans les eaux douces, n° 77.

Fossiles formés dans les eaux marines, n° 78.
Fougère, n° 124.
Fumerolles, n° 62.
Fuseaux, n° 132.

G

Gangue, n° 84.
Gastéropodes, n° 98.
Gastéropodes de l'époque tertiaire, n° 132.
Gastornis, n° 132.
Gaz rejetés par les volcans, n° 132.
Géologie, n° 5.
Gelée (Action de la) sur les roches, n° 50.
Geysers, n° 61.
Glaces flottantes, n° 59.
Glaciers, n° 52.
Glaciers du pôle, n° 58.
Glaciers (Fonte des), n° 53.
Glaciers (Marche des), n°s 54, 55.
Glaciers (Terrains formés par les), n° 57.
Gneiss, n°s 29, 106.
Graptolithes, n° 110.
Granit, n°s 27, 81.
Grauwacke, n° 116.
Grès, n° 24.
Gryphée arquée, n° 123.
Gymnospermes, n° 103.
Gypse, n° 20.

H

Hépatiques, n° 102.
Hêtre (Empreinte des feuilles fossiles de), n° 133.
Hipparion, n° 131.
Hippurite, n° 123.
Histoire de la terre, 5.
Houille, n° 115.
Huile de schiste, n° 19.

I

Ichthyosaure, n°s 112, 123.
Icthyornis, n° 123.

Insectes, n° 96.
Interruption de dépôts, n° 86.
Invertébrés, n°s 93, 95.

J

Jurassique, n° 121.

L

Labyrinthodon, n° 123.
Lacs (Dépôts formés par les), n° 45.
Lapilli, n°s 66, 81.
Laves, n°s 30, 81.
Lépidodendron, n° 114.
Libellule, n° 113.
Lierre fossile, n° 124.
Limon, n° 43.
Limule, n° 104.
Lycopode, n° 114.
Lymnées, n° 132.

M

Machœrodus, n° 132.
Magnolia fossile, n° 124.
Mammifères, n° 94.
Mammouth, n° 141.
Marbres, n° 11.
Marche des glaciers, n°s 54, 55.
Marne, n° 18.
Marsupiaux, n° 123.
Mastodonte, n° 132.
Mégathérium, n° 141.
Mélaphyres, n° 125.
Menhir, n° 139.
Mer (Action destructive de la), n° 41.
Mers (Circulation de l'eau des), n° 36.
Mers (Dépôts formés par les), n° 48.
Meulière, n° 23.
Mica, n°s 26, 39.
Micaschistes, n°s 29, 106.
Micraster, n° 123.
Minerai, n° 84.
Miocène, n° 130.
Mollusques, n° 98.
Mollusques de l'époque primaire, n° 113.

Mollusques de l'époque secondaire, n° 123.
Mollusques perforants, n° 86.
Monocotylédones, n° 104.
Moraines, n° 56.
Montagnes (Age d'une chaîne de), n° 89.
Mortier, n° 12.
Mousses, n° 102.
Myriapodes, n° 96.

N

Nappe d'eau souterraine, n°˙ 32, 33.
Natices, n° 132.
Nautile, n° 113.
Neiges des hautes montages, n° 51.
Névés, n° 51.
Nuages, n° 33.
Nummulites, n° 132.

O

Obsidienne, n° 30.
Oiseaux, n° 94.
Orthocéras, n° 113.
Ours des cavernes, n° 141.

P

Paléophasme, n° 113.
Paléophore, n° 113.
Paléomiscus, n° 113.
Paléontologie, 90.
Palmier fossile, n° 129.
Péridot, n° 26.
Périodes géologiques (Principales), n° 105.
Pétrole, n° 19.
Peuplier de l'époque tertiaire, n° 132.
Phanérogames, n°˙ 102, 103.
Phanérogames de l'époque primaire, n° 114.
Phanérogames de l'époque secondaire, n° 124.
Phanérogames de l'époque tertiaire, n° 133.

Phascolothèrium, n° 123.
Phasme, n° 113.
Pholades, n° 86.
Phénomènes volcaniques (Terrains formés par les), n° 69.
Pierre à fusil, n° 22.
Pierre lithographique, n° 11.
Pierre polie, n° 139.
Pierre ponce, n° 30.
Pierres, n° 1.
Pierres gélives, n° 50.
Pierre taillée, n° 138.
Planorbes, n° 132.
Plâtre, n° 21.
Plésiosaure, n° 123.
Pliocène, n° 131.
Pluie, n° 33.
Pluie (Action destructive de la), n° 40.
Poissons, n° 94.
Pôle (Glaciers du), n° 58.
Polypes hydraires, n° 110.
Polypiers fossiles, n° 113.
Porcelaine, n° 17.
Porphyre, n° 28.
Poudingue, n° 25.
Prêle, n° 124.
Productus, n°˙ 112, 113.
Protozoaires, n° 100.
Protozoaires de l'époque primaire, n° 113.
Protozoaires de l'époque secondaire, n° 128.
Protozoaires de l'époque tertiaire, n° 132.
Protriton, n° 113.
Ptérodactyle, n° 123.
Ptérophyllum, n° 124.
Puits, n°˙ 32, 43.
Puits artésiens, n° 35.
Puys d'Auvergne, n° 82.
Pyroxène, n° 26.

Q

Quartz, n°˙ 26, 39.

R

Rapports entre le sol d'une contrée et ses habitants, n° 4.

TABLE ALPHABÉTIQUE

Rayonnés, n° 99.
Rayonnés de l'époque primaire, n° 113.
Rayonnés de l'époque secondaire, n° 123.
Rayonnés de l'époque tertiaire, n° 132.
Regel, n° 55.
Reptiles, n° 94.
Rhinocéros à narines cloisonnées, n° 141.
Rhizopodes, n° 100.
Roche (Aspect général de la), n° 6.
Roche (Dureté de la), n° 6.
Roches, n° 2.
Roches argileuses, n°⁸ 6, 13, 22, 36, 48.
Roches calcaires, n°⁸ 6, 7, 39, 48.
Roches calcaires (Principales sortes de), n° 8.
Roches cristallines, n° 6.
Roches des terrains primaires, n°⁸ 115, 116.
Roches des terrains secondaires, n° 125.
Roches des terrains tertiaires, n° 134.
Roches éruptives, n°⁸ 69, 62.
Roches (Principaux groupes de), n° 6.
Roches sédimentaires, n° 116.
Roches siliceuses, n°⁸ 6, 39, 48.
Roches stratifiées, n°⁸ 125, 134.

S

Sable, n° 43.
Saule fossile, n° 124.
Sauterelle, n° 113.
Scaphites, n° 122.
Schistes cristallins, n° 29.
Scories volcaniques, n° 66.
Sédiments, n° 72.
Sédiments d'eau douce et sédiments marins, n° 76.
Sédiments (Superposition des), n° 79.
Sel gemme, n° 20.
Sézanelle, n° 133.
Sigillaires, 114.
Silex, n° 22.
Silicate d'alumine hydraté, n° 14.
Silurien, n° 110.
Sol (Action de l'eau liquide sur le), n° 32.
Sol (Modifications actuelles du), n° 31.

Sol (Mouvements brusques du), n° 70.
Sol (Mouvements lents du), n° 71.
Sol (Température des couches profondes du), n° 60.
Sources, n° 32.
Sources incrustantes, n° 43.
Sources minérales, n° 63.
Sources ordinaires, n° 63.
Source thermale, n° 60.
Sous-sol, n° 2.
Spirifer, n°⁸ 111, 112.
Spirule, n° 118.
Spores et sporanges, 102.
Squelette, n° 92.
Stalactites et stalagmites, 47.
Stries des glaciers, n° 56.
Sulfate de chaux, n° 20.
Syénite, n° 27.

T

Téléosaure, n° 123.
Température des couches profondes du sol, n° 60.
Terrains (Age relatif des), n°⁸ 85 à 89.
Terrains primaires, n°⁸ 105, 108 à 117.
Terrains primaires (Animaux fossiles des), n° 113.
Terrains primitifs, n°⁸ 105 à 107.
Terrains quaternaires, n°⁸ 105, 136 à 144.
Terrains non sédimentaires, n° 81.
Terrains non sédimentaires (Age relatif des), n° 88.
Terrains secondaires, n°⁸ 105, 118 à 144.
Terrains sédimentaires, n°⁸ 73 à 75.
Terrains sédimentaires (Superposition des), n° 85.
Terres à briques, n° 15.
Terres à porcelaine, n° 17.
Terre à poteries, n° 16.
Terre végétale, n°⁸ 2, 44.
Terre végétale (Formation de la), n° 44.
Thallophytes, n° 102.
Torrents, n° 33.
Torrents (Action destructive des), n° 40.
Tour à potier, n° 16.
Trachyte, n° 30.
Tremblements de terre, n°⁸ 31, 70.
Trias, n° 120.

Trilobites, nos 108, 108, 113.
Tuf, n° 43.
Tumulus, n° 139.
Turritelles, n° 132.

V

Vapeur d'eau, n° 33.
Vases communiquants, n° 35.
Végétaux fossiles des terrains primaires, 114.
Végétaux fossiles des terrains quaternaires, n° 142.
Végétaux fossiles des terrains secondaires, n° 124.
Végétaux fossiles des terrains tertiaires, 133.
Végétaux silicifiés, n° 102.
Vers, n° 97.
Vertébrés, nos 92, 94.

Vertébrés de l'époque primaire, n° 113.
Vertébrés de l'époque secondaire. n° 123.
Vertébrés de l'époque tertiaire, n° 132.
Volcan (Activité variable d'un), n° 65.
Volcans, nos 31, 62.
Volcans boueux, n° 62.
Volcans éteints, n° 82.
Volcans (Gaz rejetés par les), n° 67.

W

Walchia, n° 114.

X

Xiphodon, n° 132.

TABLE MÉTHODIQUE

I
LES ROCHES

	Pages
Chapitre premier. — Introduction. — Les diverses sortes de roches	1
Chapitre II. — Roches calcaires	8
Chapitre III. — Roches argileuses, salines et siliceuses	15
Chapitre IV. — Roches cristallines	24
Résumé général de l'étude des roches	30

II
MODIFICATIONS ACTUELLES DES TERRAINS

Chapitre V. — Destruction des roches par l'eau liquide	31
Chapitre VI. — Formation des roches par l'eau liquide	47
Chapitre VII. — Destruction et formation des roches par la glace ; les glaciers	58
Chapitre VIII. — Sources thermales ; volcans ; mouvements du sol	72
Résumé général de l'étude des modifications du sol	84

III
FORMATION DES TERRAINS ANCIENS

Chapitre IX. — Les terrains sédimentaires et non sédimentaires	88
Chapitre X. — Age relatif des terrains	104
Résumé général de la formation des terrains	110

IV

PRINCIPALES PÉRIODES GÉOLOGIQUES

Pages

Chapitre XI. — Introduction à l'étude des fossiles. Résumé de la classification des animaux et des végétaux. . . . 111

Chapitre XII. — Terrains primitifs et terrains primaires. . 131
Chapitre XIII. — Terrains secondaires 156
Chapitre XIV. — Terrains tertiaires. 182
Chapitre XV. — Terrains quaternaires 205
Résumé de l'étude des terrains. 226

Table alphabétique 228
Table méthodique. 231

Carte géologique de France 235

Paris. — Imp. PAUL DUPONT (Cl.) 38.3.94.

LIBRAIRIE ADMINISTRATIVE ET CLASSIQUE PAUL DUPONT
4, Rue du Bouloi — Paris

ENSEIGNEMENT CLASSIQUE

Guide élémentaire pour les herborisations et la formation d'un herbier, par M. V. MARTEL, directeur de l'École primaire supérieure d'Elbeuf, avec 86 figures dans le texte. — Un vol. carton. Prix : *franco*. . . . . 1 fr. 50

Herbier des Commençants disposé pour les vingt-cinq plantes vulgaires de la liste officielle des tableaux d'enseignement. Ouvrage rédigé conformément aux programmes du 27 février 1885, et honoré d'une souscription ministérielle, par le Dr H. ROUSSEAU. — Prix de l'Album. . . . . 3 fr. 50

Catalogue des plantes de France, de Suisse et de Belgique, par E.-G. CAMUS, Pharmacien de première classe, lauréat de l'Institut, membre de la Société botanique de France. — Un volume in-8° de 350 pages. — Prix franco, broché : 4 fr. 25; cart. : 4 fr. 75

Éléments de zoologie descriptive, par M. H. FILHOL. — Un beau vol in-18 avec 320 figures dans le texte . . . . . . 3 fr. 50
(Ouvrage adopté pour les bibliothèques populaires).

Pour paraître en Mai 1894 :

FLORE DE LA FRANCE

PUBLIÉE
sous les auspices du Ministère de l'Instruction publique.

POUR LA DÉTERMINATION FACILE DES PLANTES SANS MOTS TECHNIQUES
Avec 6,150 figures

Par Gaston BONNIER et Georges De LAYENS

Un volume grand in-8°. — Prix . . . . 9 fr.

ON PEUT SOUSCRIRE DÈS MAINTENANT, en adressant la somme de 9 francs à *M. PAUL DUPONT, 4, rue du Bouloi.*

LIBRAIRIE ADMINISTRATIVE ET CLASSIQUE PAUL DUPONT
4, RUE DU BOULOI, PARIS

ENSEIGNEMENT SECONDAIRE

Ouvrages de M. Gaston BONNIER

Nouvelles leçons de choses (1re partie, classe préparatoire), avec 200 figures dans le texte 16e édition. 2 fr. 25

Nouvelles leçons de choses (2e partie, classe de huitième), avec 220 figures dans le texte, 17e édition. 2 fr. 25

Pierres et terrains (classe de septième), avec 106 figures dans le texte, 25e édition entièrement réimprimée et augmentée . . . . 2 fr. 25

Éléments de zoologie (classes de sixième de l'enseignement classique et de l'enseignement moderne), avec 364 figures. Nouvelle édition . . . . 2 fr. 50

Éléments de botanique (classes de cinquième de l'enseignement classique et de l'enseignement moderne), avec 403 figures. 18e édition. . . . . 2 fr. 50

Éléments de géologie (classes de cinquième de l'enseignement classique et de l'enseignement moderne, (*Vient de paraître*) . . . . 2 fr. 50

Anatomie et Physiologie animales (classes de philosophie, de première de l'enseignement moderne et de mathématiques élémentaires), avec 268 figures. Nouvelle édition. . . . . 3 fr. »

Anatomie et Physiologie végétales - (mêmes classes), avec 345 figures. Nouvelle édition . . . . 3 fr. »

Animaux, première étude élémentaire de Zoologie, avec 144 figures dans le texte, 10e édition . . . . . 2 fr. 25

Végétaux, étude élémentaire de 25 plantes vulgaires, avec 172 figures dans le texte, 9e édition . . . . . . 2 fr. 25

Cours complet d'histoire naturelle (Zoologie, Botanique, Géologie), avec 767 figures et une carte en couleurs, pour les candidats aux baccalauréats ès-lettres, ès-sciences restreint, moderne, au brevet supérieur, etc. Nouvelle édition ; prix, relié . . . . 4 fr. »

(*Les ouvrages précédents ont été recommandés par le Ministère de l'Instruction publique.*)

www.ingramcontent.com/pod-product-compliance
Lightning Source LLC
Chambersburg PA
CBHW071932160426
43198CB00011B/1373